ハングルのとびら 1

盧　載玉
梁　貞模

朝日出版社

音声サイトURL

https://text.asahipress.com/free/korean/hantobi1/index.html

音声ダウンロード

音声再生アプリ「リスニング・トレーナー」(無料)

朝日出版社開発のアプリ、「リスニング・トレーナー (リストレ)」を使えば、教科書の音声をスマホ、タブレットに簡単にダウンロードできます。どうぞご活用ください。

まずは「リストレ」アプリをダウンロード

≫ App Storeはこちら

≫ Google Playはこちら

アプリ【リスニング・トレーナー】の使い方

① アプリを開き、「コンテンツを追加」をタップ

② QRコードをカメラで読み込む

③ QRコードが読み取れない場合は、画面上部に 55707 を入力し「Done」をタップします

はじめに

本書は、著者たちの長年にわたる韓国語教育の経験に基づいて、できるだけ学習者の負担を少なくし、よりやさしい、そしてより楽しく学べる教材を目指して作られたものです。初版が出てもうはや10年がたち、実際に使う中で気づいたところを修正補完して改訂版を出すことになりました。

本書の特徴としては、文法パートと会話練習パートとが分かれていることが挙げられます。文法のパートで文を組み立てる上で必要な基礎をしっかりと身につけたあと、会話のパートでは学習した文法に基づくさまざまな表現を練習します。会話の学習が十分できるように、いろいろなパターンの練習問題を取り入れていますので、独学で勉強するひとも楽しく会話の練習ができるはずです。このように本書では、何よりも確実な文法の理解に支えられた表現力を育むことで、生きた言語力の習得を目指しています。

文法パートと会話パートが分かれていますが、その他、書く、聞く、といった言語機能についても学習できるよう、読み物や作文の問題をたくさん取り入れています。柔軟な発想で自己表現できるよう工夫しましたので、積極的に活用してください。韓国語に限らず語学が上達する一番のコツは「根気よく続ける」ことしかありません。そうすれば、いつか韓国語でコミュニケーションが取れた！！！という喜びの瞬間がやってくるでしょう。

サッカーワールドカップの共催をきっかけに始まった日韓友好ムードは、これまでに例をみない新しい社会現象をもたらし、今や世界に広がる韓流ブームの中で韓国のことを身近に感じるだけでなく、国の壁を越えて韓国で活躍する日本人の若者も数多く見られます。

文化交流の観点からすれば、この十数年の間に両国の間には本当にめまぐるしい変化が起きていますが、別の見方をすれば、ここに来てやっと良き隣人としての相手を再認識する環境が整いつつあるとも言えます。これから日本と韓国がどのように向き合い、どのような相互関係を築いていくのか、大いに気になるところですが、何より大事なのは、互いに対する関心を持ち続けながら、より良く相手を理解するための努力を惜しまないことだと思います。その意味でみなさんが韓国朝鮮語を学ぶということは、異文化としての韓国理解に向けての大事な一歩を踏み出したことになるでしょう。ここから始まる韓国朝鮮語の学習をきっかけに、隣国、隣人への関心がどんどん広がり、さらに深まることを願ってやみません。

最後に、このテキストの出版に当たり、ご協力くださった方々に心より感謝の意を表します。

著　者

もくじ

装丁・イラスト ― Mio Oguma

ハングルのとびら 1

ハングルについて

ハングルとは

ハングルとは、朝鮮半島で話されている言語（韓国語、朝鮮語、コリア語など様々な名称で呼ばれています。本書では、以下韓国語と称します）の文字の名称です。ハングルは、漢字が読めずに不便な生活を強いられていた庶民のために、朝鮮王朝 4 代国王の世宗（在位 1418 ～ 50）が当時の学者たちに作らせた文字です。1443 年に創製され、1446 年に「訓民正音」（民に教える正しい音）という名称で公表されました。ハングルという名称で使われるようになったのは 20 世紀になってからです。ハンは「偉大なる、一つの」を、グルは「文字」を意味します。したがって、ハングルとは、「偉大なる文字」という意味です。

ハングルは仮名とは違い、子音字と母音字に分かれていて、子音字と母音字を組み合わせて 1 音節ごとにまとめて書きます。基本的な文字数は、子音字 14 個、母音字 10 個の計 24 文字ですが、これらを組み合わせて作られる複合文字をあわせると、全体では子音字が 19 個、母音字が 21 個の計 40 文字になります。

日本語との類似性

① 名詞に助詞をつけることでその名詞の文中における役割を示します。

친구가（友達が）　친구는（友達は）　친구의（友達の）　친구를（友達を）

② 動詞や形容詞などに語尾をつけた述語が文の最後に来ます。

학교에 갑니다.　（学校に行きます）
오늘은 덥습니다.　（今日は暑いです）

③ 尊敬語や謙譲語などの敬語法も用いられます。

선생님께서 말씀하셨습니다.　（先生がおっしゃいました）
선생님께 드렸습니다.　（先生に差し上げました）

④ 漢字起源の語彙が多いです。

무리［ムリ］: 無理　도로［トロ］: 道路　안심［アンシム］: 安心

⑤ 語順は日本語とほとんど同じです。

오늘은　친구하고　도서관에서　공부를　했습니다.
今日は　友だちと　図書館で　勉強を　しました。

以上、韓国語は日本語ときわめて類似しており、日本語母語話者にとって最も学びやすく習得しやすい言語といえるでしょう。

文字の構成

1 子音字+母音字　（縦長系母音字 ㅏ, ㅑ, ㅓ, ㅕ, ㅣ は子音字の右に書きます）

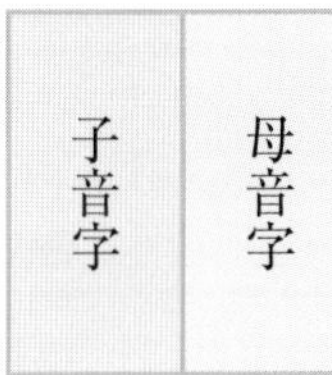

① ㄴ + ㅏ → 나　[n] [a] [na]

② ㅁ + ㅣ → 미　[m] [i] [mi]

2 子音字+母音字　（横長系母音字 ㅗ, ㅛ, ㅜ, ㅠ, ㅡ は子音字の下に書きます）

子音字
母音字

① ㅅ + ㅗ → 소　[s] [o] [so]

② ㄱ + ㅜ → 구　[k] [u] [ku]

練習 1 文字を何と読むか、音声記号（ローマ字）で考えてみましょう。

1) ㅁ + ㅗ → 모 ＿＿＿＿＿＿＿＿

2) ㅅ + ㅣ → 시 ＿＿＿＿＿＿＿＿

3) ㄱ + ㅏ → 가 ＿＿＿＿＿＿＿＿

4) ㄴ + ㅜ → 누 ＿＿＿＿＿＿＿＿

3 子音字+母音字+子音字　（最後に来る子音字は、子音字+母音字の下に書きます）

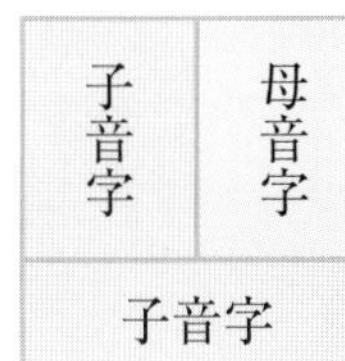

① ㅅ + ㅏ + ㄴ → 산　[s] [a] [n] [san]

子音字
母音字
子音字

② ㅁ + ㅗ + ㅁ → 몸　[m] [o] [m] [mom]

練習 2 次の文字を何と読むか、音声記号（ローマ字）で考えてみましょう。

1) ㄴ + ㅣ + ㅁ → 님 ＿＿＿＿＿＿＿＿

2) ㅁ + ㅏ + ㅁ → 맘 ＿＿＿＿＿＿＿＿

3) ㅅ + ㅗ + ㄴ → 손 ＿＿＿＿＿＿＿＿

第1課　文字と発音 Ⅰ

1 母音字〈1〉

				書き順
①	ㅏ	[a]	日本語の「ア」とほぼ同じ発音です。	①ㅏ②
②	ㅑ	[ja]	日本語の「ヤ」とほぼ同じ発音です。	①ㅑ②③
③	ㅓ	[ɔ]	口を大きく開いて「オ」といいます。	①ㅓ②
④	ㅕ	[jɔ]	口を大きく開いて「ヨ」といいます。	①②ㅕ③
⑤	ㅗ	[o]	口を丸く突き出して「オ」といいます。	①ㅗ②
⑥	ㅛ	[jo]	口を突き出して「ヨ」といいます。	①②ㅛ③
⑦	ㅜ	[u]	口を丸く突き出して「ウ」といいます。	①ㅜ②
⑧	ㅠ	[ju]	口を突き出して「ユ」といいます。	①②ㅠ③
⑨	ㅡ	[ɯ]	唇を両側に引くようにして「ウ」といいます。	①ㅡ
⑩	ㅣ	[i]	日本語の「イ」とほぼ同じ発音です。	ㅣ①

ハングルは子音字+母音字の組み合わせで文字が構成されるので、母音が実際に文字として書かれるときには、初声では音価のない子音字「ㅇ」を伴います。

♪2　**練習 1**　発音しながら書いてみましょう。

아	야	어	여	오	요	우	유	으	이

練習2 読んでみましょう。♪3

1) 아이（子ども）　2) 오이（きゅうり）　3) 우유（牛乳）

4) 이유（理由）　5) 여우（キツネ）　6) 여유（余裕）

練習3 書いてみましょう。

1) 아이 ＿＿＿＿　2) 오이 ＿＿＿＿　3) 우유 ＿＿＿＿

4) 이유 ＿＿＿＿　5) 여우 ＿＿＿＿　6) 여유 ＿＿＿＿

第1課

2 子音字〈1〉

書き順

①	ㄴ	[n]	日本語のナ行の子音と同じ発音です。	① ㄴ
②	ㄹ	[r]	日本語のラ行の子音と同じ発音です。	①②③ ㄹ
③	ㅁ	[m]	日本語のマ行の子音と同じ発音です。	①②③ ㅁ
④	ㅇ	[-]	（無音）ㅇは最初に来ると音価を持ちません。	① ㅇ

練習4 子音字〈1〉と母音字〈1〉を組み合わせると次のようになります。書きながら読んでみましょう。♪4

나	냐	너	녀	노	뇨	누	뉴	느	니
라	랴	러	려	로	료	루	류	르	리
마	먀	머	며	모	묘	무	뮤	므	미
아	야	어	여	오	요	우	유	으	이

♪5 練習5 読みながら、2回ずつ書いてみましょう。

1) 나라（国） ________ ________
2) 아뇨（いいえ） ________ ________
3) 무리（無理） ________ ________
4) 여러（数々の） ________ ________
5) 머리（頭） ________ ________
6) 모녀（母と娘） ________ ________

練習6 次のカナをハングルに直してみましょう。

1) ナイ（年齢） ________
2) ユリョ（有料） ________
3) イミ（すでに） ________
4) ヨリ（料理） ________
5) ミロ（迷路） ________
6) マル（床） ________

3 母音字〈2〉

				書き順
①	ㅐ	[ɛ]	「エ」よりもう少し口を大きくして発音します。	
②	ㅒ	[jɛ]	ㅐの前に半母音 [j] を入れて一気に発音します。	
③	ㅔ	[e]	日本語の「エ」のように発音します。	
④	ㅖ	[je]	ㅔの前に半母音 [j] を入れて一気に発音します。	

♪6 練習7 発音しながら、2回ずつ書いてみましょう。

1) 애 ________ ________
2) 얘 ________ ________
3) 에 ________ ________
4) 예 ________ ________

♪7 練習8 読みながら、2回ずつ書いてみましょう。

1) 노래（歌） ________ ________
2) 누에（蚕） ________ ________
3) 네모（四角） ________ ________
4) 모레（明後日） ________ ________
5) 우애（友愛） ________ ________
6) 아예（最初から） ________ ________

練習9 次の単語をハングルで書いてみましょう。

1) いえ ＿＿＿＿ ＿＿＿＿　　2) あられ ＿＿＿＿ ＿＿＿＿

3) うめ ＿＿＿＿ ＿＿＿＿　　4) なまえ ＿＿＿＿ ＿＿＿＿

5) みね ＿＿＿＿ ＿＿＿＿　　6) めい ＿＿＿＿ ＿＿＿＿

※日本語の「エ」のハングル表記では、「ㅔ」を用います。(p. 17の④を参照)

4 パッチム〈1〉

子音字＋母音字＋子音字の組み合わせの際に、最後に来る子音字をパッチムといいます。パッチムとは、「支え、下敷き、台」という意味です。ここではまず4つのパッチムを学びます。

①	ㄴ	[-n]	舌先を上の歯の下または裏につけて「ン」。「あんない」の「アン」。
②	ㄹ	[-l]	舌先を上の歯茎の裏につけて発音。英語の[l]の音に近い。
③	ㅁ	[-m]	唇を閉じて鼻から息を抜く。「あんまり」の「アン」。
④	ㅇ	[-ŋ]	舌の根元をのどの奥につけ、鼻から息を抜く。このとき舌先がどこにも触れないように注意すること。「あんがい」の「アン」。

練習10 読んでみましょう。♪8

1) 안　알　암　앙　　2) 난　날　남　낭

3) 만　말　맘　망　　4) 란　랄　람　랑

練習11 読みながら、2回ずつ書いてみましょう。♪9

1) 이름 (名前) ＿＿＿＿ ＿＿＿＿　　2) 오늘 (今日) ＿＿＿＿ ＿＿＿＿

3) 눈물 (涙) ＿＿＿＿ ＿＿＿＿　　4) 양말 (靴下) ＿＿＿＿ ＿＿＿＿

5) 여름 (夏) ＿＿＿＿ ＿＿＿＿　　6) 물론 (無論) ＿＿＿＿ ＿＿＿＿

7) 안내 (案内) ＿＿＿＿ ＿＿＿＿　　8) 운명 (運命) ＿＿＿＿ ＿＿＿＿

第2課 文字と発音 Ⅱ

1 子音字〈2〉

書き順

①	ㄱ	[k/g]	語頭では [k]、母音間においては [g] となります。	①ㄱ
②	ㄷ	[t/d]	語頭では [t]、母音間においては [d] となります。	①②ㄷ
③	ㅂ	[p/b]	語頭では [p]、母音間においては [b] となります。	①②③④ㅂ
④	ㅅ	[s]	日本語のサ行の子音と同じ発音です。	①②ㅅ
⑤	ㅈ	[tʃ/dʒ]	語頭では [tʃ]、母音間においては [dʒ] となります。	①②ㅈ
⑥	ㅎ	[h]	日本語のハ行の子音とほぼ同じ発音です。	①②③ㅎ

＊有声音化

平音の子音「ㄱ、ㄷ、ㅂ、ㅈ」が母音と母音の間に挟まれる場合、それぞれ [g][d][b][dʒ] 音に変わります。これを有声音化といいます。また「ㄱ、ㄷ、ㅂ、ㅈ」は、パッチム「ㄴ，ㄹ，ㅁ，ㅇ」の後でも有声音化します。有声音化する子音は、「ㄱ、ㄷ、ㅂ、ㅈ」の4つだけです。

※「ㅅ」は母音間においても有声音化は起きません。

・가가 [カガ]　・다다 [タダ]　・바바 [パバ]

・자자 [チャジャ]　・사사 [ササ]　・인주 [インジュ]

・얼굴 [オルグル]　・냄비 [ネンビ]　・농담 [ノンダム]

♪10 **練習1** 子音字〈2〉と母音字〈1〉を組み合わせると次のようになります。
読みながら書いてみましょう。

가	갸	거	겨	고	교	구	규	그	기

다	댜	더	뎌	도	됴	두	듀	드	디
바	뱌	버	벼	보	뵤	부	뷰	브	비
사	샤	서	셔	소	쇼	수	슈	스	시
자	쟈	저	져	조	죠	주	쥬	즈	지
하	햐	허	혀	호	효	후	휴	흐	히

※ 자と쟈、저と져、조と죠、주と쥬は同じ発音です。

練習2 有声音化に注意して読みながら、2回ずつ書いてみましょう。♪11

1) 가지（茄子）＿＿＿＿ ＿＿＿＿　2) 바다（海）＿＿＿＿ ＿＿＿＿

3) 안경（眼鏡）＿＿＿＿ ＿＿＿＿　4) 담배（タバコ）＿＿＿＿ ＿＿＿＿

5) 구두（靴）＿＿＿＿ ＿＿＿＿　6) 시간（時間）＿＿＿＿ ＿＿＿＿

7) 사진（写真）＿＿＿＿ ＿＿＿＿　8) 두부（豆腐）＿＿＿＿ ＿＿＿＿

2 子音字〈3〉 激音

				書き順
①	ㅊ	[tʃʰ]	平音ㅈの激音。激しく息を出しながら発音します。	①②③ ㅊ
②	ㅋ	[kʰ]	平音ㄱの激音。激しく息を出しながら発音します。	①② ㅋ
③	ㅌ	[tʰ]	平音ㄷの激音。激しく息を出しながら発音します。	①②③ ㅌ
④	ㅍ	[pʰ]	平音ㅂの激音。激しく息を出しながら発音します。	①②③④ ㅍ

♪12 **練習3** 子音字〈3〉と母音字〈1〉を組み合わせると次のようになります。発音しながら、書いてみましょう。

차	챠	처	쳐	초	쵸	추	츄	츠	치
카	캬	커	켜	코	쿄	쿠	큐	크	키
타	탸	터	텨	토	툐	투	튜	트	티
파	퍄	퍼	펴	포	표	푸	퓨	프	피

※ 차と챠、처と쳐、초と쵸、추と츄は同じ発音です。

♪13 **練習4** 読みながら、2回ずつ書いてみましょう。

1) 친구（友人）＿＿＿＿＿ ＿＿＿＿＿　2) 야채（野菜）＿＿＿＿＿ ＿＿＿＿＿

3) 통장（通帳）＿＿＿＿＿ ＿＿＿＿＿　4) 홍차（紅茶）＿＿＿＿＿ ＿＿＿＿＿

5) 편지（手紙）＿＿＿＿＿ ＿＿＿＿＿　6) 커피（コーヒー）＿＿＿＿＿ ＿＿＿＿＿

♪14 **練習5** 激音を含めた14個の子音の順序です。書きながら順番を覚えましょう。

가　나　다　라　마　바　사

아　자　차　카　타　파　하

練習 6 子音字と母音字を組み合わせて発音しながら、書いてみましょう。♪15

	ㅏ [a]	ㅑ [ja]	ㅓ [ɔ]	ㅕ [jɔ]	ㅗ [o]	ㅛ [jo]	ㅜ [u]	ㅠ [ju]	ㅡ [ɯ]	ㅣ [i]
ㄱ [k/g]	가				고					기
ㄴ [n]										
ㄷ [t/d]										
ㄹ [r/l]										
ㅁ [m]										
ㅂ [p/b]										
ㅅ [s]										
ㅇ [-/ŋ]										
ㅈ [tʃ/dʒ]										
ㅊ [tʃʰ]										
ㅋ [kʰ]										
ㅌ [tʰ]										
ㅍ [pʰ]										
ㅎ [h]										

※ ハングルの字母の順(가나다라順) です。

第3課 文字と発音 Ⅲ

1 母音字〈3〉

これまで習った母音字を二つ組み合わせて作った文字です

				書き順
①	ㅘ	[wa]	日本語の「ワ」とほぼ同じです。	ㅘ
②	ㅙ	[wɛ]	日本語の「ウェ」とほぼ同じです。	ㅙ
③	ㅚ	[we]	唇を小さく丸めて「ウェ」と発音します。	ㅚ
④	ㅝ	[wɔ]	「ウォ」と発音します。	ㅝ
⑤	ㅞ	[we]	日本語の「ウェ」とほぼ同じです。	ㅞ
⑥	ㅟ	[wi]	「ウィ」と発音します。	ㅟ
⑦	ㅢ	[ɯi]	「ウィ」と発音します。	ㅢ

※「ㅙ」「ㅚ」「ㅞ」の三つの発音は、ほぼ同じに発音されます。

※⑦「ㅢ」は、唇を両側に引くようにして「ㅡ」を言ってから早く「ㅣ」をいう。☞「ㅢ」の発音については p.106 の1) を参照

♪16 **練習 1** 発音しながら、2回ずつ書いてみましょう。

1) 와 ____ ____ 2) 왜 ____ ____ 3) 외 ____ ____ 4) 워 ____ ____

5) 웨 ____ ____ 6) 위 ____ ____ 7) 의 ____ ____

♪17 **練習 2** 21個の母音字です。発音しながら書いてみましょう。

아 애 야 얘 어 에 여

예 오 와 왜 외 요 우

워 웨 위 유 으 의 이

練習３ 読みながら、２回ずつ書いてみましょう。♪18

1) 의미 (意味) ＿＿＿＿ ＿＿＿＿　2) 사과 (リンゴ) ＿＿＿＿ ＿＿＿＿

3) 궤도 (軌道) ＿＿＿＿ ＿＿＿＿　4) 화장 (化粧) ＿＿＿＿ ＿＿＿＿

5) 왜 (なぜ) ＿＿＿＿ ＿＿＿＿　6) 사원 (社員) ＿＿＿＿ ＿＿＿＿

7) 취미 (趣味) ＿＿＿＿ ＿＿＿＿　8) 회사 (会社) ＿＿＿＿ ＿＿＿＿

9) 귀 (耳) ＿＿＿＿ ＿＿＿＿　10) 돼지 (豚) ＿＿＿＿ ＿＿＿＿

2 子音字〈4〉 濃音

平音の文字を左右にふたつ並べたものです。激音とは逆に息をまったく漏らさないように喉を絞めながら発音します。

①	ㄲ	[ˀk]	がっかりの「ッカ」の発音です。
②	ㄸ	[ˀt]	あったかいの「ッタ」の発音です。
③	ㅃ	[ˀp]	やっぱりの「ッパ」の発音です。
④	ㅆ	[ˀs/ˀʃ]	あっさりの「ッサ」の発音です。
⑤	ㅉ	[ˀtʃ]	へっちゃらの「ッチャ」の発音です。

練習４ 子音字と母音字を組み合わせて発音しながら、書いてみましょう。♪19

	ㅏ	ㅓ	ㅗ	ㅜ	ㅡ	ㅣ	ㅐ	ㅔ
ㄲ	까		꼬			끼		
ㄸ								
ㅃ								
ㅆ								
ㅉ								

♪20 練習 5 読みながら、2回ずつ書いてみましょう。

1) 찌개 (チゲ) ＿＿＿＿ ＿＿＿＿　2) 아까 (さっき) ＿＿＿＿ ＿＿＿＿
3) 빨리 (早く) ＿＿＿＿ ＿＿＿＿　4) 아저씨 (おじさん) ＿＿＿＿ ＿＿＿＿
5) 뽀뽀 (キス) ＿＿＿＿ ＿＿＿＿　6) 때때로 (時々) ＿＿＿＿ ＿＿＿＿
7) 오빠 (兄) ＿＿＿＿ ＿＿＿＿　8) 이따가 (後で) ＿＿＿＿ ＿＿＿＿
9) 가짜 (偽物) ＿＿＿＿ ＿＿＿＿　10) 까치 (カササギ) ＿＿＿＿ ＿＿＿＿

3 パッチム〈2〉

今まで習った子音のほとんどすべてがパッチムになります。
パッチム〈1〉で習った「ㄴ，ㄹ，ㅁ，ㅇ」以外の子音字のパッチムを学びます。

	代表音		パッチム	発音の方法
①	ㄱ	[-k] 類	ㄱ，ㅋ，ㄲ	「しっかり」の「ッカ」の発音。舌の根元をのどの奥につけて、息の流れを止めます。
②	ㄷ	[-t] 類	ㄷ，ㅅ，ㅈ，ㅊ，ㅌ，ㅎ，ㅆ	「いったい」の「ッタ」の発音。舌先を上の歯の下または裏につけて、息の流れを止めます。
③	ㅂ	[-p] 類	ㅂ，ㅍ	「たっぷり」の「ップ」の発音。唇を閉じて息の流れを止めます。

♪21 練習 6 次の単語を発音してみましょう。

1) 집 (家)　2) 책 (本)　3) 곧 (すぐ)　4) 꽃 (花)
5) 낮 (昼間)　6) 떡 (餅)　7) 맛 (味)　8) 밖 (外)
9) 앞 (前)　10) 밥 (ご飯)　11) 숯 (炭)　12) 잎 (葉)

♪22 練習 7 読みながら、2回ずつ書いてみましょう。

1) 한국(韓国) ＿＿＿＿ ＿＿＿＿　2) 연습(練習) ＿＿＿＿ ＿＿＿＿
3) 수업(授業) ＿＿＿＿ ＿＿＿＿　4) 지갑(財布) ＿＿＿＿ ＿＿＿＿
5) 부엌(台所) ＿＿＿＿ ＿＿＿＿　6) 지각(遅刻) ＿＿＿＿ ＿＿＿＿

7) 비옷(雨着) ＿＿＿＿＿ ＿＿＿＿＿　8) 아홉(九つ) ＿＿＿＿＿ ＿＿＿＿＿

9) 벚꽃(桜花) ＿＿＿＿＿ ＿＿＿＿＿　10) 다섯(五つ) ＿＿＿＿＿ ＿＿＿＿＿

4 パッチム〈3〉　二重パッチム

パッチムの中には異なる子音字が二つ並んだものもあります。これを二重パッチムと呼びます。原則として左の子音を読みますが、例外的に右の子音を読むものもあります。

左の子音を発音する	ㄳ　ㄵ　ㄶ　ㄼ　ㄽ　ㄾ　ㅀ　ㅄ
右の子音を発音する	ㄺ　ㄻ　ㄿ

練習8　次の単語を発音してみましょう。♪23

1) 삶（生）　2) 값（値段）　3) 닭（鶏）

4) 몫（分け前）　5) 여덟（八つ）　6) 돐（周年）

※パッチムのまとめ（パッチムの音は７つの子音だけで発音します。）

	代表音	発音	27 個のパッチム
①	ㄱ	[-k] 類	ㄱ，ㅋ，ㄲ，ㄳ，ㄺ
②	ㄴ	[-n] 類	ㄴ，ㄵ，ㄶ
③	ㄷ	[-t] 類	ㄷ，ㅅ，ㅈ，ㅊ，ㅌ，ㅎ，ㅆ
④	ㄹ	[-l] 類	ㄹ，ㄼ，ㄽ，ㄾ，ㅀ
⑤	ㅁ	[-m] 類	ㅁ，ㄻ
⑥	ㅂ	[-p] 類	ㅂ，ㅍ，ㅄ，ㄿ
⑦	ㅇ	[-ŋ] 類	ㅇ

第3課

第 4 課　文字と発音 Ⅳ

1 日本語のハングル表記

	語頭					語中				
あ い う え お	아	이	우	에	오					
か き く け こ	가	기	구	게	고	카	키	쿠	케	코
が ぎ ぐ げ ご	가	기	구	게	고	가	기	구	게	고
さ し す せ そ	사	시	스	세	소					
ざ じ ず ぜ ぞ	자	지	즈	제	조					
た ち つ て と	다	지	쓰	데	도	타	치	쓰	테	토
だ ぢ づ で ど	다	지	즈	데	도					
な に ぬ ね の	나	니	누	네	노					
は ひ ふ へ ほ	하	히	후	헤	호					
ば び ぶ べ ぼ	바	비	부	베	보					
ぱ ぴ ぷ ぺ ぽ	파	피	푸	페	포					
ま み む め も	마	미	무	메	모					
や ゆ よ	야		유		요					
ら り る れ ろ	라	리	루	레	로					
わ を ん っ	와		오						ㄴ	ㅅ
きゃ きゅ きょ	갸		규		교	캬		큐		쿄
ぎゃ ぎゅ ぎょ	갸		규		교	갸		규		교
しゃ しゅ しょ	샤		슈		쇼					
じゃ じゅ じょ	자		주		조					
ちゃ ちゅ ちょ	자		주		조	차		추		초
にゃ にゅ にょ	냐		뉴		뇨					
ひゃ ひゅ ひょ	햐		휴		효					
びゃ びゅ びょ	뱌		뷰		뵤					
ぴゃ ぴゅ ぴょ	퍄		퓨		표					
みゃ みゅ みょ	먀		뮤		묘					
りゃ りゅ りょ	랴		류		료					

① 語頭の「カ行」と「ガ行」、「タ行」と「ダ行」は、ハングルでは区別して表記できません。

かい(貝) → 가이　　がい(外) → 가이

たい(鯛) → 다이　　だい(台) → 다이

② 語頭のザとチャ、ジとチ、ズとチュ、ゼとチェ、ゾとチョは、ハングルでは区別して表記できません。

ザとチャ → 자　　ジとチ → 지　　ズとチュ → 즈

ゼとチェ → 제　　ゾとチョ → 조

③ 語中にある「カ行」「タ行」「チャ行」は激音で書きます。

たなか(田中) → 다나카　　なかた(中田) → 나카타

おちゃ (お茶) → 오차

④「エ段」は、「ㅔ」と書きます。

えど(江戸) → 에도　　まえ(前) → 마에

⑤ 長母音は表記しません。

きゅうしゅう(九州) → 규슈　　おおさか(大阪) → 오사카

⑥「す」は「스」と書きます。「つ」は「쓰」の他に、「츠」「쯔」と書く場合もあります。

スシ → 스시　　マツイ → 마쓰이 , 마츠이 , 마쯔이

⑦ 促音の「っ」は、パッチムとして「ㅅ」と書きます。

さっぽろ → 삿포로　　やっぱり → 얏파리

⑧「ん」はパッチムとして「ㄴ」と書きます。

ジュンジ → 준지　　シュン → 슌

練習 1 日本の地名をハングルで書いたものです。どこなのかカナで書いてみましょう。

1) 미야기 ＿＿＿＿＿＿　　2) 가가와 ＿＿＿＿＿＿

3) 후쿠이 ＿＿＿＿＿＿　　4) 시즈오카 ＿＿＿＿＿＿

5) 이바라키 ＿＿＿＿＿＿　　6) 구마모토 ＿＿＿＿＿＿

練習 2 次の名前をハングルで表記してみましょう。

1) ミサト ______________________ 2) ユキコ ______________________

3) オガワ ______________________ 4) イチロー ______________________

5) チエ ______________________ 6) ケンジ ______________________

クイズ1 タテかヨコに読むと、生きものの単語が隠れているのがわかります。いくつ探せるでしょうか。生きものの名前を書いてみましょう。

이	우	사	기	부
누	시	루	지	타
도	리	구	네	코
네	가	마	다	히
구	지	라	쿠	다

クイズ2 タテかヨコに読むと、日本の地名が隠れているのがわかります。いくつ探せるでしょうか。地名を書いてみましょう。

도	아	군	마	수
오	키	나	와	나
카	타	시	나	고
야	기	코	라	야
마	후	쿠	오	카

練習 3 自分の名前を書いてみましょう。 ______________________

2 辞書の引き方

① 最初の子音字順

② 同じ子音字のなかではその子音字と結びついている母音字の順

③ パッチムのない文字のあとにパッチムのついた文字

④ 同じパッチムのついたものはパッチムの子音字の順

例「 산 」という単語を辞書で引く場合

❶ ㅅ(初声) ❷ ㅏ(中声) ❸ ㄴ(終声)

❶ 子音字「ㅅ」を開く。

❷ その中から中声の母音字と結びついている文字「사」をさがす。

❸ パッチムの子音字「ㄴ」がついた文字「산」を引く。

練習4 次の単語を辞書順に並べ替えてみましょう。

1) ① 나무 ② 어디 ③ 바지 ④ 하늘 ⑤ 나라 ⑥ 어머니 ⑦ 방

→

2) ① 사과 ② 과일 ③ 과자 ④ 사람 ⑤ 친구 ⑥ 라디오 ⑦ 말

→

練習5 巻末の単語集を使って次の単語の意味を調べてみましょう。

1) 싸다 (　　　)	2) 사다 (　　　)
3) 방 (　　　)	4) 빵 (　　　)
5) 크다 (　　　)	6) 딸 (　　　)
7) 타다 (　　　)	8) 짜다 (　　　)
9) 한국 (　　　)	10) 일본 (　　　)

第5課　文字と発音 V

♪24 1 発音の規則

1 連音化

パッチムの後に母音が来ると必ず音をつなげて発音します。これを連音化といいます。

(1) パッチムは次の「ㅇ」を埋める形で移動して発音されます。

・산이 → 산 → 이　[사니]（ㄴがㅇの位置に移動して発音されます）

・물은 [무른]　・각오 [가고]　・음악 [으막]　・밥이 [바비]

(2) 二重パッチムの場合は、左側の子音は終声として発音され、右側の子音だけ「ㅇ」の位置に移動して発音されます。

・넓은 → 넓 → 은 [널븐]　・읽어요 → 읽 → 어요 [일거요]

(3) パッチムが「ㅇ」の場合は、移動せず、後続の母音音節は鼻濁音となります。

・강아지 [강아지]　・종이 [종이]　・가방이 [가방이]

(4) 「ㅎ」パッチムだけは連音化する場合、「ㅎ」の音が消えてしまいます。また、「ㄴ, ㄹ, ㅁ, ㅇ」パッチムに続く「ㅎ」は音が弱くなってほとんど発音されないので、連音化がおきます。

・좋아 [조아]　・많이 [마니]　・만화 [마놔]

・발효 [바료]　・탐험 [타멈]　・경험 [경엄]

♪25 **練習 1** 発音通りにハングルで書いて、読んでみましょう。

1) 발음 [　　　]　2) 맑음 [　　　]　3) 놓아요 [　　　]

4) 전화 [　　　]　5) 영어 [　　　]　6) 싫어요 [　　　]

2 濃音化 ♪26

ㄱ[-k]、ㄷ[-t]、ㅂ[-p]類のパッチムの直後に来る子音字「ㄱ, ㄷ, ㅂ, ㅅ, ㅈ」は濃音で発音します。これを濃音化といいます。ただし、ㄷ [-t] 類の「ㅎ」パッチムの場合は、次に学ぶ激音化がおきます。

・학교 [학꾜]　・받다 [받따]　・국밥 [국빱]

・접시 [접씨]　・입장 [입짱]　・읽다 [익따]

※二重パッチムの「ㄺ」は、原則的には右の「ㄱ」を読みます。
しかし、次に子音「ㄱ」が続くと、左の「ㄹ」を読みます。

・읽고 [일꼬]　・읽게 [일께]

練習 2　発音通りにハングルで書いて、読んでみましょう。♪27

1) 학생 [　　　　]　2) 숙제 [　　　　]　3) 옷장 [　　　　]

4) 없다 [　　　　]　5) 합격 [　　　　]　6) 읽기 [　　　　]

3 激音化 ♪28

(1) 「ㅎ, ㄶ, ㅀ」のパッチムの直後に来る子音「ㄱ, ㄷ, ㅈ」は激音で発音します。これを激音化といいます。

パッチム			例
ㅎ	ㄱ	→ ㅋ	어떻게 [어떠케] (どのように)
ㄶ	+ ㄷ	→ ㅌ	많다 [만타] (多い)
ㅀ	ㅈ	→ ㅊ	옳지만 [올치만] (正しいが)

(2) ㄱ [-k]、ㄷ [-t]、ㅂ [-p] 類のパッチムの直後に「ㅎ」が続くと、それぞれ激音で発音します。

パッチム			例
ㄱ [-k] 類		→ ㅋ	착하다 [차카다] (善良だ)
ㄷ [-t] 類	ㅎ	→ ㅌ	따뜻하다 [따뜨타다] (暖かい)
ㅂ [-p] 類		→ ㅍ	입학 [이팍] (入学)

♪29 練習 3 発音通りにハングルで書いて、読んでみましょう。

1) 싫다 [　　　　　] 2) 놓고 [　　　　　] 3) 밥하고 [　　　　　]

4) 특히 [　　　　　] 5) 읽히다 [　　　　　] 6) 많지만 [　　　　　]

♪30 4 鼻音化

(1) ㄱ[-k]、ㄷ[-t]、ㅂ[-p]類のパッチムの直後に「ㄴ, ㅁ」が来ると、それぞれ「ㅇ, ㄴ, ㅁ」に発音が変わります。これを鼻音化といいます。

ㄱ [-k] → ㅇ [-ŋ]	ㄷ [-t] → ㄴ [-n]	ㅂ [-p] → ㅁ [-m]
작년 [장년]	낱말 [난말]	십년 [심년]

※「ㄹ」による鼻音化もあります。

♪31 練習 4 発音通りにハングルで書いて、読んでみましょう。

1) 먹는 [　　　　　] 2) 몇명 [　　　　　] 3) 입맛 [　　　　　]

4) 국내 [　　　　　] 5) 옛날 [　　　　　] 6) 입니다 [　　　　　]

♪32 5 流音化

「ㄴ」のパッチムの後に「ㄹ」が続く、あるいは「ㄹ」のパッチムの後に「ㄴ」が連続すると、「ㄹ+ㄹ」で発音します。これを「流音化」といいます。

ㄴ + ㄹ → ㄹ + ㄹ	ㄹ + ㄴ → ㄹ + ㄹ
연락 [열락]	일년 [일련]

♪33 練習 5 発音通りにハングルで書いて、読んでみましょう。

1) 인류 [　　　　　] 2) 달님 [　　　　　] 3) 편리 [　　　　　]

4) 진로 [　　　　　] 5) 열넷 [　　　　　] 6) 칠년 [　　　　　]

♪34 6 口蓋音化

パッチム「ㄷ」と「ㅌ」の後に「이」が続くと、「디」は「지」に、「티」は「치」にその発音が変わります。

・굳이 [구지]　・같이 [가치]

2 発音の練習 ♪35

바람과 해님

아주 맑고 따뜻한 어느 봄날이었어요.

들판에서 일을 하던 사람들은 바위에 앉아

고개를 끄덕이며 졸기도 했답니다.

“어휴, 심심해. 뭐 신나는 일 없나?”

한가롭게 지나가던 바람이 갑자기

장난이 치고 싶어 주위를 두리번 거렸어요.

“저 커다란 나무를 쓰러뜨려 볼까?”

바람은 힘을 모아 나무를 향해

한꺼번에 많은 바람을 쏟아 부었답니다.

강한 바람에 쓰러지지 않으려고 버티던

커다란 나무가 드디어 쓰러지고 말았어요.

……

（イソップの寓話「北風と太陽」の中から）

＊分かち書きについて
日本語と違い韓国語では、文節ごとに分かち書きをします。したがって助詞と補助語幹、語尾、指定詞の이다（입니다，입니까など）は単独で用いられることはなく、必ず前の単語につけて書きます。

第6課 저는 학생입니다.

♪36 ## 基本文型

① 저는 학생입니다.
이름은 가미무라 사키입니다.

② 여기가 학교입니까?
네, 학교입니다.

③ 선생님이 한국 사람입니까?
아뇨, 한국 사람이 아닙니다.

④ 그것은 가미무라 씨의 가방입니다.
제 가방은 이것입니다.

⑤ 이 교과서는 제 것이 아닙니다.
친구의 것입니다.

学習内容

1. 指定詞（～です、～ですか）
2. 助詞〈1〉（～は、～の、～が）
3. 指示詞（この・その・あの、これ・それ・あれ、ここ・そこ・あそこ）
4. 指定詞の否定形（～ではありません、～ではありませんか）

文法と解説

1 指定詞

～です ～ですか	名詞 ＋ 입니다 名詞 ＋ 입니까？

体言（名詞・代名詞・数詞など）に「-입니다」をつけると「～です」、「-입니까」をつけると「～ですか」になります。平叙文には「.」を、疑問文には「?」をつけます。分かち書きせず前の名詞に続けて書きます。※句読点については p.106 の 2) を参照

학생입니다.（学生です）　　학생입니까？（学生ですか）

학교입니다.（学校です）　　학교입니까？（学校ですか）

※指定詞の省略については p.106 の 3) を参照

新出単語

- ❑ 학생　学生
- ❑ 선생님　先生
- ❑ 친구　友達
- ❑ ～씨　～さん　p.106 の 4) を参照
- ❑ 학교　学校
- ❑ 교과서　教科書
- ❑ 네　はい
- ❑ 아뇨　いいえ

練習 1 訳してみましょう。

1) 친구입니까?　— 네, 친구입니다.　→

2) 노무라 씨입니까?　— 아뇨, 요시다입니다.　→

3) 교과서입니까?　— 네, 교과서입니다.　→

4) 先生ですか。　— いいえ、学生です。　→

5) 学校ですか。　— はい、学校です。　→

2 助詞〈1〉

1

～は	名詞（パッチムがない） ＋ 는 名詞（パッチムがある） ＋ 은

-는 / 은は「～は」にあたる助詞です。名詞などの最後の音節が母音字で終わるか（パッチムがない）、子音字で終わるか（パッチムがある）によって使い分けます。

교과서＋는 → 교과서는（教科書は）　미호 씨＋는 → 미호 씨는（ミホさんは）

회사원＋은 → 회사원은（会社員は）　선생님 ＋은 → 선생님은（先生は）

練習 2 （　）の中に助詞「-는 / 은」をつけてみましょう。

1） 학교（　　）　　2） 선생님（　　）
3） 학생（　　）　　4） 친구　（　　）

新出単語

- ❑ 아버지 お父さん　❑ 어머니 お母さん　❑ 저 私 / わたくし ☞ p.106 の 5）を参照
- ❑ 회사원 会社員　❑ 공무원 公務員　❑ 중국 中国　❑ 한국 韓国
- ❑ 일본 日本　❑ 사람 人

練習 3 （　）の中に「～は」「～です / ですか」をつけて文を完成させましょう。

1） 저（　）일본 사람（　　　　　　　　）.
2） 어머니（　）회사원（　　　　　　　　）.
3） 선생님（　）한국 사람（　　　　　　　　）?
4） 아버지（　）공무원（　　　　　　　　）?
5） 첸 씨（　）중국 사람（　　　　　　　　）.

2 ～の　名詞 ＋ 의

所有や所属、関係などを表します。

학교 ＋ 의 → 학교의（学校の）　　친구 ＋ 의 → 친구의（友達の）

※日本語では「友達の本」という場合、「の」を省略しては使えませんが、韓国語は所有・所属など、前後関係がはっきりしている場合は、「의」は省略されます。

학교 식당（学校の食堂）　책상 다리（机の脚）　한국 음식（韓国の食べ物）

※ 저（わたくし） ＋ 의（の） → 저의 ⇒ 제（저의の省略形）となります。
※ 나（わたし） ＋ 의（の） → 나의 ⇒ 내（나의の省略形）となります。

新出単語

- ❑ 회사 会社　❑ 가방 カバン　❑ 도서관 図書館　❑ 제 私の

練習 4 訳してみましょう。

1） 会社の人 →　　2） 学校の図書館 →
3） 私のカバン →　　4） 父の会社 →

3 ～が	名詞（パッチムがない） ＋ 가 名詞（パッチムがある） ＋ 이

－가/이は「～が」にあたる助詞です。名詞の最後の音節にパッチムがあるかないかによって使い分けます。

어머니 ＋ 가 → 어머니가（母が）　　친구 ＋ 가 → 친구가（友達が）
선생님 ＋ 이 → 선생님이（先生が）　　사람 ＋ 이 → 사람이（人が）

〔注意〕ただし「저（わたくし）」、「나（わたし）」に助詞「－가」がつくと、次のように形が変わりますので、注意しましょう。

저 ＋ 가　→　저가（×）　→　제가（私／わたくしが）
나 ＋ 가　→　나가（×）　→　내가（私／僕／俺が）

新出単語

❑ 시계　時計　　❑ 신문　新聞　　❑ 컴퓨터　パソコン

練習 5　（　　）の中に助詞「-가 / 이」をつけてみましょう。

1）시계（　　）　　2）가방（　　）
3）신문（　　）　　4）컴퓨터（　　）

3 指示詞

この	その	あの
이	그	저

이 책（この本）　그 신문（その新聞）　저 사람（あの人）

これ	それ	あれ
이것	그것	저것

이것은（これは）　그것은（それは）　저것은（あれは）
이것이（これが）　그것이（それが）　저것이（あれが）

第6課

※「이」「그」「저」は、「この」「その」「あの」にあたります。その場にないものに言及するとき、日本語では「それ、その」とともに、「あれ、あの」を使う場合がありますが、韓国語では「그것、그」が用いられます。「저것、저」は、遠くにあって、実際に見えているものをさすときにだけ用いられます。

※「これは何ですか」の「これ」を他との対比ではなく普通にたずねる場合、「～は」ではなく「～が」にあたる助詞が用いられます。

이것이 교과서입니까？　(これは教科書ですか)
네, 그것은 교과서입니다.　(はい、それは教科書です)

ここ	そこ	あそこ
여기	거기	저기

・여기는 (ここは)　・거기는 (そこは)　・저기는 (あそこは)
・여기가 (ここが)　・거기가 (そこが)　・저기가 (あそこが)

新出単語

❑ 여기 ここ　❑ 저기 あそこ　❑ 그것 それ　❑ 그 その　❑ 이것 これ
❑ 화장실 トイレ　❑ 집 家　❑ 노트 ノート

練習 6 訳してみましょう。

1) これはノートですか。 →
2) 家はここですか。 →
3) その人は私の友達です。 →
4) あそこがトイレですか。 →
5) それは先生の教科書です。 →

4 指定詞の否定形

～ではありません	名詞(パッチムがない) ＋ 가 아닙니다. 名詞(パッチムがある) ＋ 이 아닙니다.

「-가 / 이 아닙니다」は「입니다」(～です) の否定表現 (～ではありません) にあたります。「-아닙니다」の前には (～では) にあたる助詞「- 가 / 이」をつけます。名詞の最後の音節にパッチムがなければ「가」を、パッチムがあれば「이」をつけます。

여기가 아닙니다.（ここではありません）　친구가 아닙니다.（友達ではありません）
학생이 아닙니다.（学生ではありません）　교실이 아닙니다.（教室ではありません）

疑問形は「-가 / 이 아닙니까?」になります。

여기가 아닙니까?（ここではありませんか）
학생이 아닙니까?（学生ではありませんか）

新出単語

- ❑ 한국어　韓国語
- ❑ 휴일　休日
- ❑ 교실　教室
- ❑ 식당　食堂

練習 7　(　　)の中から適当な助詞を選んで、文を完成させましょう。

1) 교실 (가 / 이) 아닙니다.
2) 휴일 (가 / 이) 아닙니까?
3) 교과서 (가 / 이) 아닙니다.
4) 식당 (가 / 이) 아닙니까?
5) 한국어 (가 / 이) 아닙니다.

総合練習

新出単語

- ❑ 것　もの
- ❑ 사전　辞書
- ❑ 휴대폰　携帯電話
- ❑ 저것　あれ
- ❑ 일본어　日本語
- ❑ 책　本

総合練習 1　(　　)の中から適当な助詞を選んで文を完成させましょう。

1) 이것 (가, 이) 사전입니까?　— 아뇨, 그것 (은, 는) 일본어 책입니다.
2) 저기 (가, 이) 학교입니까?　— 아뇨, 저기 (는, 은) 회사입니다.
3) 친구 (가, 의) 노트입니까?　— 아뇨, (저, 제) 것입니다.
4) 어머니 (가, 이) 한국 사람입니까?　— 아뇨, 아버지 (가, 는) 한국 사람입니다.
5) 저것 (가, 이) 휴대폰입니까?　— 아뇨, 저것은 휴대폰 (가, 이) 아닙니다.

総合練習 2 韓国語に訳してみましょう。

1) それは私のものです。

2) あれは携帯電話ではありません。

3) そのノートではありません。

4) 学校の食堂はあそこです。

5) ここは友達の家です。

♪37 必須単語

학생	学生	미국	アメリカ	회사	会社
선생님	先生	사람	人	교실	教室
친구	友達	시계	時計	식당	食堂
학교	学校	가방	カバン	화장실	トイレ
교과서	教科書	신문	新聞	집	家
~씨	~さん	컴퓨터	パソコン	한국어	韓国語
네	はい	이	この	일본어	日本語
아뇨 / 아니요	いいえ	그	その	대학교	大学
아버지	お父さん	저	あの	사전	辞書
어머니	お母さん	이것 / 이거	これ	노트	ノート
나	僕、私	그것 / 그거	それ	휴대폰	携帯電話
저	わたくし	저것 / 저거	あれ	제	私の
회사원	会社員	여기	ここ	것 / 거	もの
공무원	公務員	거기	そこ	책	本
중국	中国	저기	あそこ	이름	名前
한국	韓国	대학생	大学生	주부	主婦
일본	日本	도서관	図書館	안녕하세요?	こんにちは
처음 뵙겠습니다	はじめまして	만나서 반갑습니다	お会いできて嬉しいです	잘 부탁합니다	よろしくお願いします

会　話

1 となりの人と自己紹介の会話を練習してみましょう。♪38

김 진우：　안녕하세요?　처음 뵙겠습니다.
저는 김 진우라고 합니다.

야마다 시호：　안녕하세요?　저는 야마다 시호예요.
일본 사람이에요.

김 진우：　시호 씨는 학생이에요?

야마다 시호：　아뇨, 회사원이에요.

김 진우：　저는 학생이에요. 한국 사람이에요.

야마다 시호：　만나서 반가워요. 잘 부탁해요.

김 진우：　네, 만나서 반갑습니다. 잘 부탁합니다.

覚えておくと便利な表現

감사합니다.　천만에요.　미안합니다.　괜찮아요.　또 만나요.　수고하셨습니다.

会話を組み立てる要素

(1) **−예요 / 이에요. −예요? / 이에요?** ＊(「**예요**」の発音は [**에요**])

「〜です / ですか」にあたる「−입니다 / 입니까」のうちとけた言い方です。「−입니다 / 입니까」がかしこまった言い方であるのに対して、「−예요 / 이에요」は、うちとけた言い方になります。疑問文は、文末を上げて発音します。書くときは「?」をつけます。「−예요」と「이에요」は、名詞の最後の音節にパッチムがあるか、パッチムがないかによって使い分けます。

친구예요.（友達です）　　일본 사람이에요.（日本人です）
학교예요?（学校ですか）　　대학생이에요?（大学生ですか）

(2) **問いかけに対する返事：네 / 예** (はい)、 **아니요 / 아뇨** (いいえ)

※네より예の方が改まった感じになります。아뇨は아니요の縮約形です。

(3) **−가 / 이 아니에요. −가 / 이 아니에요?**

「〜ではありません、〜ではありませんか」にあたる「−가 / 이 아닙니다, 아닙니까」のうちとけた言い方です。名詞の最後の音節にパッチムがあるか、パッチムがないかによって使い分けます。

여기가 아니에요.（ここではありません）
학생이 아니에요?（学生ではありませんか）

(4) **−(이) 라고 합니다 / −(이) 라고 해요.** (〜と申します、〜といいます)

名詞の最後の音節にパッチムがある場合は −이라고 합니다、パッチムがない場合は −라고 합니다となります。−(이) 라고 해요は −(이) 라고 합니다 のうちとけた言い方です。

미우라 하나코라고 합니다 / 해요.（ミウラハナコと申します）
다나카 슌이라고 합니다 / 해요.（タナカシュンといいます）

2 自己紹介をしてみましょう。♪39

안녕하세요?

처음 뵙겠습니다.

제 이름은〔　名前　〕입니다.

〔　学校名　〕대학교 학생이에요.

〔　国名　〕사람이에요.

만나서 반갑습니다.

잘 부탁합니다.

3 人を紹介してみましょう。またとなりの人に聞いてみましょう。♪40

例
노라 존스
컴퓨터 프로그래머
미국

2)
샤오링
주부
중국

1)
나카무라 신지
회사원
일본

3)
한지민
대학생
한국

〈例1〉
이 사람은 노라 존스 씨예요.
컴퓨터 프로그래머예요. 미국 사람이에요.

〈例2〉
가: 노라 존스 씨는 미국 사람이에요?
나: 네, 미국 사람이에요.

〈例3〉
가: 노라 존스 씨는 회사원이에요?
나: 아뇨, 회사원이 아니에요. 컴퓨터 프로그래머예요.

第7課 책상 위에 무엇이 있습니까?

♪41 基本文型

① 오늘은 수업이 있습니까?
오늘은 수업이 없습니다.

② 숙제도 없습니까?
아뇨, 숙제는 있습니다.

③ 책상 위에 무엇이 있습니까?
안경과 교과서가 있습니다.

④ 교실에 누가 있습니까?
아무도 없습니다.

⑤ 노트는 어디에 있습니까?
가방 안에 있습니다.

学習内容

1. 存在詞（～あります〔か〕／います〔か〕、～ありません〔か〕／いません〔か〕）
2. 疑問詞〈1〉（何、だれ、どこ）
3. 助詞〈2〉（～に、～と、～も）
4. 位置を表すことば

文法と解説

第7課

1 存在詞

～あります／います	있습니다
～ありません／いません	없습니다

人や物の存在の有無を表す表現です。日本語では「いる・ある」を区別しますが、韓国語では生物・無生物の区別による使い分けはしません。

〈平叙形〉

시간이 있습니다.（時間があります）　　친구가 없습니다.（友達がいません）

〈疑問形〉　疑問形は、「있습니까?」「～ありますか／いますか」
「없습니까?」「～ありませんか／いませんか」、です。

시간이 있습니까？（時間がありますか）　　친구가 없습니까？（友達がいませんか）

新出単語

❑ 약속　約束　❑ 시간　時間　❑ 시험　試験　❑ 데이트　デート
❑ 여자 / 남자 친구　女／男友達（恋人）　❑ 숙제　宿題

練習 1　訳してみましょう。

1）시간이 없습니다.　→
2）남자/ 여자 친구가 없습니다.　→
3）데이트 약속이 있습니까?　→
4）한국어 시험은 없습니다.　→
5）숙제가 있습니까?　→

2 疑問詞〈1〉

何	だれ	どこ
무엇	누구	어디

무엇입니까？（何ですか）　누구입니까？（誰ですか）　어디입니까？（どこですか）

〔注意〕「누구（だれ）」に助詞「-가」がつくと、次のように形が変わります。

누구 ＋ 가 → ~~누구~~가 → 누가（だれが）

3 助詞〈2〉

1 ～に	名詞 ＋ 에

場所・時を表す名詞につく「～に」にあたる助詞です。パッチムの有無に関係なくつけます。

집＋에 → 집에 (家に)　점심＋에 → 점심에 (昼に)　위＋에 → 위에 (上に)

※여기 / 거기 / 저기 / 어디の後で「에」は省略されることが多いです。

어디에 있습니까？ → 어디 있습니까？ (どこにありますか)
여기에 있습니다. → 여기 있습니다. (ここにあります)

新出単語

❑ 방 部屋　❑ 텔레비전 テレビ　❑ 무엇 何　❑ 누구 誰　❑ 어디 どこ

練習2　1) ～ 3) は (　　) の中に適当な疑問詞を入れて文を完成させてみましょう。4) と 5) は韓国語に訳してみましょう。

1) 이름이 (　　　) 입니까?　— 스즈키 슌입니다.
2) 저 사람은 (　　　) 입니까?　— 선생님입니다.
3) 텔레비전은 (　　　) 에 있습니까?　— 방에 있습니다.
4) 部屋に何がありますか。　— テレビがあります。
5) 教室に誰がいますか。　— 学生がいます。

2 ～と	名詞(パッチムがない) ＋ 와 名詞(パッチムがある) ＋ 과

「～と」にあたる助詞です。名詞の最後の音節にパッチムがあるかないかによって使い分けます。

나와 친구 (私と友達)　학생과 선생님 (学生と先生)

※「와」、「과」の他に「하고」があります。「하고」は話しことばでよく用いられます。パッチムの有無に関係なくどちらでも使えます。

학교하고 집 (学校と家)　집하고 학교 (家と学校)

3 ～も　名詞 ＋ 도

「～も」にあたる助詞です。パッチムの有無に関係なくつけます。

책 ＋ 도 → 책도（本も）　저 ＋ 도 → 저도（私も）

아버지도 선생님입니다.（お父さんも先生です）
책도 노트도 없습니다.（本もノートもありません）

新出単語

❑ 책상　机　❑ 침대　ベッド　❑ 근처　近く　❑ 우체국　郵便局　❑ 슈퍼　スーパー

練習3 訳してみましょう。

1）방에 책상과 침대가 있습니다. →
2）친구하고 약속이 있습니다. →
3）여기에는 텔레비전도 컴퓨터도 없습니다. →
4）スーパーと郵便局はどこにありますか。 →
5）この近くには何がありますか。 →

4 位置を表すことば

上	下	前	後ろ	横／隣	中
위	아래 / 밑	앞	뒤	옆	안 / 속

こっち／こちら側	そっち／そちら側	あっち／あちら側
이쪽	그쪽	저쪽

間	右側	左側	向かい側
사이	오른쪽	왼쪽	건너편

位置関係を表す名詞の前では、助詞「～の」にあたる「의」は用いません

학교~~의~~ 앞 → 학교 앞（学校の前）　의자~~의~~ 위 → 의자 위（椅子の上）

新出単語

- ❑ 쓰레기통　ゴミ箱
- ❑ 옷장　クローゼット
- ❑ 의자　椅子
- ❑ 아무도　だれも
- ❑ 아무것도　何も
- ❑ 옆　横／隣
- ❑ 테이블　テーブル
- ❑ 위　上
- ❑ 밑　下
- ❑ 안　中

練習 4　訳してみましょう。

1) テーブルの上に何がありますか。

2) 机の横にゴミ箱があります。

3) 家には誰もいません。

4) 衣装ダンスの中には何もありません。

5) カバンは椅子の下にあります。

総合練習

新出単語

- ❑ 서점　書店
- ❑ 뒤　後ろ／裏
- ❑ 사이　間
- ❑ 앞　前
- ❑ 역　駅
- ❑ 건너편　向かい側
- ❑ 꽃 가게 / 집　花屋
- ❑ 노래방　カラオケボックス
- ❑ PC 방　インターネットカフェ
- ❑ 편의점　コンビニエンスストア
- ❑ 지하철　地下鉄

総合練習 1　訳してみましょう。

1) 서점 건너편에 꽃 가게가 있습니다.

2) 지하철 역과 꽃 가게 사이에 편의점이 있습니다.

3) 노래방은 서점 뒤에 있습니다.

4) 학교 앞에는 PC 방이 없습니다.

5) 학교와 서점 사이에는 아무것도 없습니다 .

総合練習2 総合練習1の1)～3)を描いてみましょう。

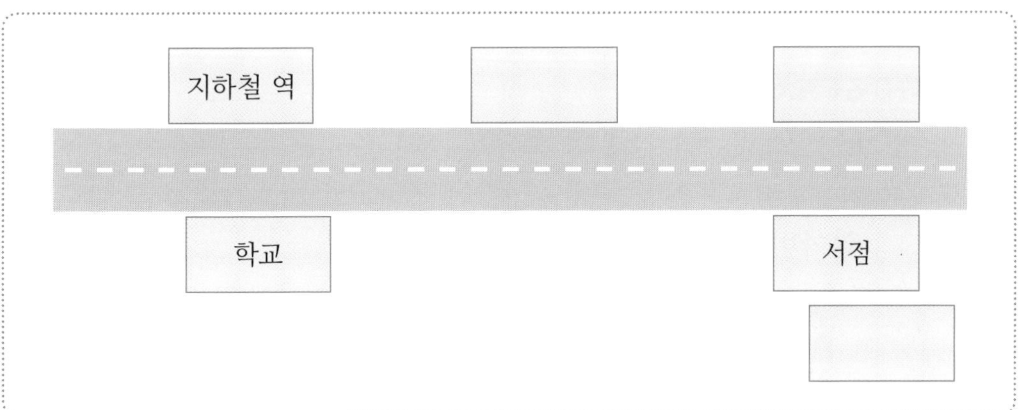

必須単語 ♪42

약속	約束	형제	兄弟	할아버지	祖父
시간	時間	누가	誰が	할머니	祖母
시험	試験	모자	帽子	취미	趣味
책상	机	근처	近所、近く	의자	椅子
여자	女子／女	우체국	郵便局	아무도	だれも
남자	男子／男	우산	傘	아무것도	何も
동생	弟／妹	위	上	꽃 가게 / 집	花屋
오늘	今日	아래 / 밑	下	돈	お金
숙제	宿題	앞	前	서점	書店
무엇 / 뭐	何	뒤	後ろ／裏	지갑	財布
누구	誰	옆	横／隣	방	部屋
어디	どこ	안 / 속	中／奥	지하철	地下鉄
침대	ベッド	사이	間	역	駅
안경	めがね	건너편	向かい側	수업	授業
텔레비전	テレビ	노래방	カラオケボックス	편의점	コンビニエンスストア
여자 친구	女友達／彼女	남자 친구	男友達／彼氏	오빠	(妹からみた) 兄
형	(弟からみた) 兄	언니	(妹からみた) 姉	누나	(弟からみた) 姉

가족 관계 (家族関係)

●家族の呼び名を覚えましょう。

☞ 兄と姉は２種類の呼び名があります。注意しましょう。

＊오빠 (妹からみた) 兄	＊형 (弟からみた) 兄	＊동생 年下のきょうだいの総称：弟、妹
＊언니 (妹からみた) 姉	＊누나 (弟からみた) 姉	
＊여동생 妹	＊남동생 弟	＊나 私

会 話

1 となりの人と以下の会話を練習してみましょう。♪43

민수　　**미영**

参考単語

❑ 우리　私たち、うちの　　❑ 형제　兄弟　　❑ 동생　年下の兄弟
❑ 개　犬　　❑ 고양이　猫

미영:　민수 씨는 형제가 있어요?

민수:　네, 누나하고 남동생이 있어요.
　　　　미영 씨는 형제가 있어요?

미영:　저는 오빠하고 언니가 있어요. 동생은 없어요.
　　　　집에 고양이 있어요?

민수:　아뇨, 개가 있어요.

미영:　개 이름이 뭐예요?

민수:　바둑이예요.

会話を組み立てる要素

☞ 会話での簡単な言い方については p.107 の 6) を参照

(1) **뭐예요?** (何ですか)：**「뭐」**は**「무엇」**(何) の縮約形＋**예요?** (ですか)

(2) **이게 뭐예요?** (これが／これは何ですか)：「이게」は「이것」(これ) ＋「이」(が) の縮約形

(3) **누구 거예요?** (だれのものですか)：**「거」**は**「것」**(もの) の縮約形

(4) **있어요 / 있어요?** (あります／ありますか、います／いますか)：
「있습니다 / 있습니까?」のうちとけた言い方

(5) **없어요 / 없어요?** (ありません／ありませんか、いません／いませんか)：
「없습니다 / 없습니까?」のうちとけた言い方

♪44 **2** 例にならって、(　) の中を埋めてとなりの人と話してみましょう。
また、となりの人に趣味について尋ねてみましょう。

이치로 (요리)

수진 (운동)

신지 (음악감상)

민수 (독서)

유이 (가라오케)

미나 (영화감상)

〈例〉 가 : (이치로) 씨 취미가 뭐예요?
나 : (이치로) 씨 취미는 (요리) 예요/ 이에요.

3 下の絵を見て例のように、となりの人とやりとりしてみましょう。♪45

〈例〉 가: 이게 뭐예요? (모자)	나: 모자예요.
가: 누구 거예요? (미호)	나: 미호 씨 거예요.
가: 안경도 미호 씨 거예요? (지우)	나: 아뇨, 안경은 지우 씨 거예요.

다나카  지갑  시계  우산

지우  안경 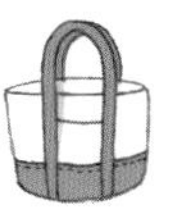 가방  책

미호  모자  사과 

우유

4 例にならって、となりの人に聞いてみましょう。♪46

〈例〉 가: 휴대폰 있어요?	나: 네, 있어요.
가: 어디 있어요?	나: 가방 안에 있어요.
가: 신문은 어디 있어요?	나: 소파 위에 있어요.

第 8 課　생일이 언제예요?

♪47 基本文型

1. 생일이 언제예요?
   10 월 6 일이에요.

2. 몇 학년이에요?
   1 학년이에요.

3. 이 가방은 얼마예요?
   10,000 원이에요.

4. 몇 시에 약속이 있어요?
   2 시 30 분에 있어요.

5. 사과가 몇 개 있어요?
   다섯 개 있어요.

学習内容

1. 漢数詞
2. 固有数詞
3. 疑問詞〈2〉（いつ、いくら、何〜／いくつの〜）

文法と解説

1 漢数詞 ♪48

日本語と同じく、漢数詞と固有数詞の２種類があります。まず、漢数詞を学びます。漢数詞は「いち、に、さん…」に相当する数詞です。

1	2	3	4	5	6	7	8	9	10
일	이	삼	사	오	육	칠	팔	구	십
11	12	13	14	15	16	17	18	19	20
십일	십이	십삼	십사	십오	십육	십칠	십팔	십구	이십
30	40	50	60	70	80	90	100	千	万
삼십	사십	오십	육십	칠십	팔십	구십	백	천	만

0は영 / 공といいます。一万は「일만」ではなく、「만」と言います。

〈発音上の注意〉 語中の육(6)は［뉵］と発音が変わります。
6の前の십、백は鼻音化して、［심］、［뱅］と発音されます。

16　：　십육　→　십뉵　→［심뉵］　（鼻音化）

26　：　이십육　→　이십뉵　→［이심뉵］　（鼻音化）

360：　삼백육십　→　삼백뉵십　→［삼뱅뉵씹］（鼻音化、濃音化）

※ 6の発音については p.107の 7）を参照

練習 1 漢数詞1～10まで、読みながら2回ずつ書いてみましょう。

일　이　삼　사　오　육　칠　팔　구　십

____

____

練習 2 次の数字の読み方をハングルで書いてみましょう。

1）15 ______________　　2）36 ______________

3）847 ______________　　4）17580 ______________

♪49 **漢数詞を使う表現**

〈日付〉： **년**(年) **월**(月) **일**(日)

1年	2年	3年	4年	5年	6年
일 년	이 년	삼 년	사 년	오 년	육 년
7年	8年	9年	10年	11年	12年
칠 년	팔 년	구 년	십 년	십일 년	십이 년

※ 일 년 [일련], 육 년 [융년], 칠 년 [칠련], 팔 년 [팔련], 십 년 [심년]

1月	2月	3月	4月	5月	6月
일 월	이 월	삼 월	사 월	오 월	유 월
7月	8月	9月	10月	11月	12月
칠 월	팔 월	구 월	시 월	십일 월	십이 월

〔注意〕6月は유월、10月は시월と、変則的な形になります。

1日	2日	3日	4日	5日	6日
일 일	이 일	삼 일	사 일	오 일	육 일
7日	8日	9日	10日	11日	12日
칠 일	팔 일	구 일	십 일	십일 일	십이 일

※ 십일 일 [시비릴], 십이 일 [시비일]

練習3 ハングルで書いてみましょう。

1） 1985年 __________ 2） 2013年 __________

3） 10月6日 __________ 4） 6月10日 __________

〈値段〉：**값**

韓国の通貨は원(ウォン)、日本の通貨は엔(円)で表します。

1,350円（천삼백오십 엔） 19,800ウォン（만 구천팔백 원）

〈電話番号〉：**전화번호**

274の3508番です。（이칠사의 삼오공팔 번입니다.）

「～の」にあたる「의」は「에」と発音します。0は「공」が多く使われます。

〈学年〉: 학년

1年生、1回生: 일 학년 [이랑년]　　2年生、2回生: 이 학년 [이항년]

3年生、3回生: 삼 학년 [사망년]　　4年生、4回生: 사 학년 [사항년]

〈階〉: 층

一階: 일 층　二階: 이 층　三階: 삼 층　四階: 사 층 …

新出単語

❑ 생일 誕生日　❑ 원 ウォン　❑ 월 月　❑ 일 日　❑ 층 階
❑ 학년 学年　❑ 크리스마스 クリスマス

練習 4　訳してみましょう。

1) 誕生日は6月10日ですか。

2) クリスマスは12月25日です。

3) この帽子は30,000ウォンです。

4) 1年生ですか。

5) トイレは3階にあります。

2 固有数詞 ♪50

固有数詞は「ひとつ、ふたつ、みっつ…」に相当する数詞です。

1	2	3	4	5	6	7	8	9	10
하나	둘	셋	넷	다섯	여섯	일곱	여덟	아홉	열
11	12	13	14	15	16	17	18	19	20
열하나	열둘	열셋	열넷	열다섯	열여섯	열일곱	열여덟	열아홉	스물

※열여섯 [열려섣], 열일곱 [열릴곱], 열여덟 [열려덜] ☞ p.107 の 8) を参照

※서른(30), 마흔(40), 쉰(50), 예순(60), 일흔(70), 여든(80), 아흔(90) と99まで固有数詞で数えられます。100以上は漢数詞と固有数詞を合わせて数えます。例: 백 하나 (101)

練習 5　固有数詞1〜10まで、読みながら2回ずつ書いてみましょう。

하나　둘　셋　넷　다섯　여섯　일곱　여덟　아홉　열

次の5つの固有数詞のすぐ後ろに助数詞(推量・単位を表す語：～個／～名／～匹／～枚など)が続くと、形が変わります。

하나	→	한 잔(一杯)	한 사람(一人)
둘	→	두 잔(二杯)	두 사람(二人)
셋	→	세 잔(三杯)	세 사람(三人)
넷	→	네 잔(四杯)	네 사람(四人)
스물	→	스무 잔(二十杯)	스무 사람(二十人)

♪51 固有数詞を使う助数詞

～個	～개	한 개(一個) 두 개(二個) 세 개(三個) 네 개(四個) 다섯 개(五個) …
～名	～명	한 명(一名) 두 명(二名) 세 명(三名) 네 명(四名) 다섯 명(五名) …
～枚	～장	한 장(一枚) 두 장(二枚) 세 장(三枚) 네 장(四枚) 다섯 장(五枚) …
～歳	～살	한 살(一歳) 두 살(二歳) 세 살(三歳) 네 살(四歳) 다섯 살(五歳) …
～匹	～마리	한 마리(一匹) 두 마리(二匹) 세 마리(三匹) 네 마리(四匹) 다섯 마리(五匹) …

練習6 次の読み方を書いてみましょう。

1) 23個 ＿＿＿＿＿＿ 2) 4名 ＿＿＿＿＿＿ 3) 12枚＿＿＿＿＿＿

4) 19歳 ＿＿＿＿＿＿ 5) 101匹 ＿＿＿＿＿＿

♪52 時刻の言い方

～時	～ 시	한 시(1時) 두 시(2時) 세 시(3時) 네 시(4時) 다섯 시(5時) …
～分	～ 분	일 분(1分) 이 분(2分) 삼 분(3分) 사 분(4分) 오 분(5分) …

時刻を言う時、「～시」(時)は固有数詞を、「～분」(分)は漢数詞を使います。
また「～시간」(時間)も固有数詞を用いて表します。

・한 **시** 십 **분**(1時 10分) ・두 **시** 이십오 **분**(2時 25分) ・열 **시간**(10時間)

練習 7 韓国語で読んでみましょう。

1） 6 時 16 分です。
2） 11 時 20 分です。
3） 4 時 45 分です。
4） 3 時間あります。

3 疑問詞〈2〉

いつ	いくら	何～／いくつの～
언제	얼마	몇

생일이 언제예요？ （誕生日はいつですか）

이 사과는 한 개에 얼마예요？ （このリンゴは 1 個でいくらですか）

※「1 個でいくらですか」という場合の「～で」は에となります。
※「몇」は、数量をたずねる時、助数詞の前につけます：「몇 ＋ 助数詞」

몇 개（何個） 몇 명（何名） 몇 마리（何匹） 몇 장（何枚）

※ただし、「何日」と聞くときは、「몇 일」ではなく「며칠」となります。
※몇の発音：［멷］パッチムで終わる単語に母音で始まる単語が続くと、パッチムは代表音［ㄷ］と発音され、さらに連音化されます。

몇 월[면 월] → [며뒬]

総合練習

新出単語

- ❑ 살 歳
- ❑ 개 個
- ❑ 명 名
- ❑ 지금 今
- ❑ 시 時
- ❑ 분 分
- ❑ 몇 何～／いくつの
- ❑ 며칠 何日
- ❑ 빵 パン
- ❑ 얼마 いくら
- ❑ 언제 いつ
- ❑ 여동생 妹
- ❑ 남동생 弟
- ❑ 회의 会議
- ❑ 고등학교 高校
- ❑ 사과 リンゴ

総合練習 1 訳してみましょう。

1） 지금 한 시 사십오 분이에요 .

2） 교실에 학생이 스물두 명 있어요 .

3） 남동생은 열두 살이에요 .

4） 여동생이 고등학교 삼 학년이에요？

5） 사과가 일곱 개 있어요 .

総合練習 2 訳してみましょう。

1） 何時に授業がありますか。

2） このパンは１個でいくらですか。

3） 会議はいつありますか。

4） 10月24日は私の誕生日です。

5） 今日は何月何日ですか。

♪53 必須単語

생일	誕生日	비빔밥	ビビンバ	구	九
언제	いつ	주세요	ください	십	十
얼마	いくら	사과	リンゴ	하나	ひとつ
원	ウォン	가족	家族	둘	ふたつ
년	年	여동생	妹	셋	みっつ
월	月	고등학생	高校生	넷	よっつ
일	日	남동생	弟	다섯	いつつ
고등학교	高校	우리	私達、うちの	여섯	むっつ
학년	学年	고양이	猫	일곱	ななつ
층	階	개	犬	여덟	やっつ
살	才	마리	匹	아홉	ここのつ
개	個	일	一	열	とお
명	名	이	二	백	百
장	枚	삼	三	천	千
지금	今	사	四	만	万
시	時	오	五	아주머니 / 아줌마	おばさん
분	分	육	六	아저씨	おじさん
며칠	何日	칠	七	어서 오세요	いらっしゃいませ
몇	何～/いくつの	팔	八	알겠습니다	わかりました

会 話

1 となりの人と会話を練習してみましょう。♪54

— 식당에서 —

아줌마: 어서 오세요. ＊어서 오세요

손님: 비빔밥 있어요?

아줌마: 네, 있습니다.

손님: 비빔밥 얼마예요?

아줌마: 칠천 원입니다.

손님: 김치 찌개는 얼마예요?

아줌마: 팔천 원이에요.

손님: 그럼, 비빔밥 하나하고 김치 찌개 하나 주세요. ＊주세요
그리고 콜라도 한 병 주세요.

아줌마: 네, 알겠습니다. ＊알겠습니다

------------ 맛있게 드세요. ＊맛있게 드세요

2 (　　)の中に数詞を入れて言ってみましょう。

1) 제 생일은 (　　　월　　　일) 이에요.　(私の誕生日は～月～日です)

2) 저는 대학교 (　　　　　　) 학년이에요.　(私は大学～年生／回生です)

3) 나이는 (　　　　　　) 살이에요.　(年は～歳です)

4) 우리 가족은 (　　　　　　) 명이에요.　(私の家族は～人です)

5) 학교 도서관은 (　　　　　　) 층에 있어요.　(学校の図書館は～階にあります)

6) 지갑에 돈이 (　　　　　　) 엔 있어요.　(財布にお金が5千円あります)

♪55 **3** となりの人に聞いてみましょう。

1) 몇 살이에요?

2) 생일이 언제예요?

3) 몇 학년이에요?

4) 가족은 모두 몇 명이에요?

5) 지갑에 돈이 얼마 있어요?

6) 휴대폰 번호가 몇 번이에요?

4 (　　)の中に単語を入れてとなりの人と話してみましょう。

가: (　　　　　　　　　) 는/은 몇 월 며칠이에요?

나: 12 월 25 일이에요.

参考単語

- ❑ 어린이 (의) 날　子どもの日
- ❑ 크리스마스　クリスマス
- ❑ 설날　元日
- ❑ 히나마츠리　雛祭り
- ❑ 성년의 날　成人の日

연인들의 기념일 (恋人たちの記念日)

韓国には毎月 14 日に、ちょっと面白い記念日があります！

1月14日	다이어리 데이	1年間使う手帳を恋人にプレゼントする日。
2月14日	발렌타인 데이	女性が好きな男性にチョコレートを送り、愛を告白する日。
3月14日	화이트 데이	男性が好きな女性に愛を告白する日。
4月14日	블랙 데이	バレンタインデーとホワイトデーに縁のなかった人が、真っ黒な食べ物であるチャジャンミョンを食べながら、お互いを慰め合う日。この日は黒い服装に身を包むのが基本。
5月14日	옐로 데이	ブラックデーまでに恋人ができなかった人が、この日に黄色い服を着てカレーライスを食べないと、独身を逃れられないという日。

6月からの記念日にどんなものがあるか、自分で調べてみましょう。

5 (　　) の中に適当なことばを入れてとなりの人と話してみましょう。

가：아저씨/ 아줌마〔　食べ物　〕얼마예요?

나：〔　値段　〕원이에요.

가：〔　飲み物　〕얼마예요?

나：〔　値段　〕원이에요.

가：그럼〔　食べ物　〕(～ 인분/ 개) 하고〔　飲み物　〕(～ 잔/ 병) 주세요.

나：네, 알겠습니다.

가：전부 얼마예요?

나：〔　値段　〕원입니다.

～인분 (～人前：漢数詞)		～병 / 잔 (固有数詞)		～개 (固有数詞)	
소갈비	37,000 원	맥주	5,000 원	비빔밥	9,000 원
돼지갈비	11,500 원	콜라	2,000 원	파전	16,000 원
삼겹살	12,000 원	소주	4,000 원	냉면	10,000 원
두부찌개	8,000 원	커피	4,500 원	김밥	2,500 원

第9課 한국어를 배웁니다.

♪56 基本文型

① 한국어를 배웁니까?
네, 학교에서 배웁니다.

② 집에서 역까지 멉니까?
아뇨, 가깝습니다.

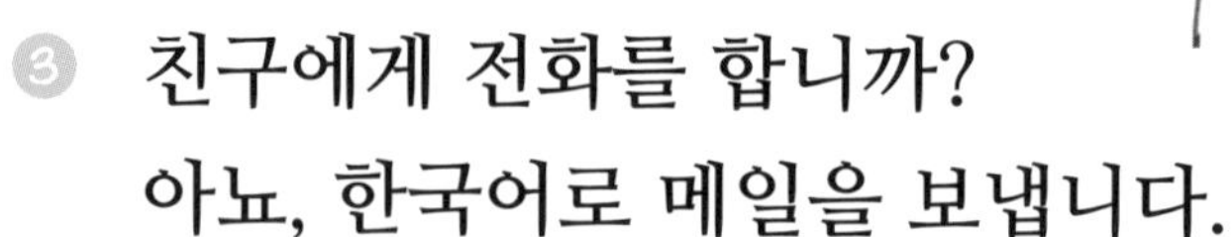

③ 친구에게 전화를 합니까?
아뇨, 한국어로 메일을 보냅니다.

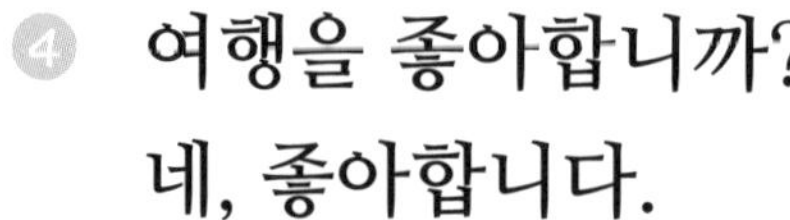

④ 여행을 좋아합니까?
네, 좋아합니다.

⑤ 학교까지는 무엇으로 갑니까?
자전거로 갑니다.

学習内容

1. 丁寧な表現〈1〉「합니다体」現在形
2. 助詞〈3〉（～で、～から、～まで、～を、～に、～で）
3. 助詞の使い方が日本語と違う表現
4. 疑問詞〈3〉（何の、どの）

文法と解説

1 丁寧な表現〈1〉「합니다体」現在形

～です・ます	語幹（パッチムがない）＋ ㅂ니다 語幹（ㄹパッチム）⇒（ㄹパッチム脱落）＋ ㅂ니다 語幹（パッチムがある）＋ 습니다

「합니다体」は、用言(動詞・形容詞・指定詞・存在詞)につく「～です／～ます」にあたる最も丁寧な表現です。
「합니다体」の作り方は、語幹(原形から「다」を取った残りの部分)の終わりにパッチムがなければ「ㅂ니다」、パッチムがあれば「습니다」をつけます。ただし、パッチムが「ㄹ」の場合(ㄹ語幹)は、「ㄹ」を取って、「ㅂ니다」をつけます。

〈平叙形〉

가다（行く）　가 ＋ ㅂ니다　→ 갑니다　（行きます）
멀다（遠い）　멀 ＋ ㅂ니다　→ 멉니다　（遠いです）
먹다（食べる）　먹 ＋ 습니다　→ 먹습니다　（食べます）

〈疑問形〉　疑問形は「- ㅂ니까？」「- 습니까？」「～ですか／～ますか」です。
作り方は〈平叙形〉と同じです。

가다（行く）　가 ＋ ㅂ니까?　→ 갑니까?　（行きますか）
멀다（遠い）　멀 ＋ ㅂ니까?　→ 멉니까?　（遠いですか）
먹다（食べる）　먹 ＋ 습니까?　→ 먹습니까?　（食べますか）

練習 1　「です／ます」「ですか／ますか」の言い方に直してみましょう。

1）하다（する）＿＿＿＿／＿＿＿＿　2）듣다（聞く）＿＿＿＿／＿＿＿＿
3）알다（知る）＿＿＿＿／＿＿＿＿　4）사다（買う）＿＿＿＿／＿＿＿＿

2 助詞〈3〉

1

～で	名詞 ＋ 에서

場所を表す語につく「～で」にあたる助詞です。パッチムの有無に関係なくつけます。

집에서（家で）　바다에서（海で）

※여기 / 거기 / 저기 / 어디の場合は、「에」が省略されて「-서」となる場合もあります。

여기에서 → 여기서 (ここで)　　거기에서 → 거기서 (そこで)

저기에서 → 저기서 (あそこで)　　어디에서 → 어디서 (どこで)

어디서 공부합니까?　(どこで勉強しますか)

도서관에서 공부합니다.　(図書館で勉強します)

2

～から	名詞（場所） + **에서** 名詞（時間） + **부터**

「-에서」は、場所の起点を表す「～から」にあたる助詞です。「-부터」は、時間や順序の起点を表します。パッチムの有無に関係なくつけます。

3

～まで	名詞 + **까지**

終点を表す助詞「～まで」にあたります。

학교에서 집까지 이십 분 걸립니다.　(学校から家まで 20 分かかります)

역에서 멉니까?　(駅から遠いですか)

세 시부터 네 시까지 연습합니다.　(3 時から 4 時まで練習します)

먼저 숙제부터 합니다.　(先に宿題からやります)

※韓国語では、「～まで」と「～までに」の区別がないので、「～までに」と訳す場合、「-에」を入れません。
明日までに → 내일까지

4

～を	名詞（パッチムがない） + **를** 名詞（パッチムがある） + **을**

日本語の「～を」にあたる助詞です。パッチムがあるか、ないかによって使い分けます。

우유를 (牛乳を)　　과자를 (お菓子を)

빵을 (パンを)　　밥을 (ご飯を)

新出単語

❑ 점심 昼/昼食	❑ 먹다 食べる	❑ 공부(를) 하다 勉強(を)する
❑ 가깝다 近い	❑ 사다 買う	❑ 마시다 飲む
❑ 커피 コーヒー	❑ 백화점 百貨店	❑ 카페 カフェ

第9課

練習2 適当な助詞を補い、文を作って訳してみましょう。(文末は**합니다**体にすること)

1) 도서관 / 공부 / 하다
2) 식당 / 점심 / 먹다
3) 학교 / 집 / 가깝다
4) 백화점 / 모자 / 사다
5) 카페 / 커피 / 마시다

5 ～に	名詞(人・動物など) + **에게、한테**

人や動物を表す名詞の後につく助詞です。話し言葉では－한테がよく用いられます。

※ 人間・動物以外には第7課で勉強した「－에」を使います。

여동생에게 선물을 줍니다. (妹にプレゼントをあげます)

개한테 먹이를 줍니다. (犬に餌をやります)

※ 꽃에 물을 줍니다. (花に水をやります)

練習3 訳してみましょう。

1) お父さんに ＿＿＿＿＿＿＿＿　2) 先生に ＿＿＿＿＿＿＿＿

3) 猫に ＿＿＿＿＿＿＿＿　4) コーヒーに ＿＿＿＿＿＿＿＿

6 ～で	名詞(パッチムがない、ㄹパッチム) + **로** 名詞(パッチムがある) + **으로**

名詞の最後の音節にパッチムがあるか、ㄹパッチムか、パッチムがないかによって使い分けます。この助詞はいろいろな用法で使われますが、ここでは手段・道具・材料を表す用法を学びます。

한국어로 뭐라고 합니까? (韓国語で何と言いますか)

밥은 숟가락으로 먹습니다. (ご飯はスプーンで食べます)

우유로 치즈를 만듭니다.　(牛乳でチーズを作ります)

※「로 /으로」は方向や経路を表す「～へ」にあたる助詞でもあります。

교토 역으로 갑니다.　京都駅の方に行きます。[場所より方向を強調]

교토 역에 갑니다.　京都駅に行きます。[京都駅が目的地]

新出単語

❑ 메일 メール　❑ 보내다 送る　❑ 만들다 作る　❑ 가다 行く
❑ 두부 豆腐　❑ 하다 する　❑ 연락 (을) 하다 連絡（を）する

練習４　(　　) の中の適当な助詞を選んで文を完成させ、訳してみましょう。

1) 친구 (에, 에게) 메일을 보냅니다.
2) 두부는 무엇 (으로, 에서) 만듭니까?
3) 지하철 (로, 에서) 학교에 갑니다.
4) 회사 (에, 에게) 연락을 합니다.
5) 이 버스는 어디 (로, 으로) 갑니까?

3 助詞の使い方が日本語と違う表現

助詞の使い方が日本語と一致しないものもありますので、注意しましょう。

(1) **-를/을 만나다**：～に会う

○ 내일 친구를 만납니다.（明日友達に会います）

× 내일 친구에게 만나요.

(2) **-를/을 타다**：～に乗る

○ 매일 자전거를 탑니다.（毎日自転車に乗ります）

× 매일 자전거에 탑니다.

(3) **-를/을 좋아하다, -를/을 싫어하다**：～が好きだ / 嫌いだ

○ 저는 여름을 좋아합니다.（私は夏が好きです）

× 저는 여름이 좋아합니다.

○ 저는 공부를 싫어합니다. (私は勉強が嫌いです)

× 저는 공부가 싫어합니다.

(4) **－가/ 이 되다** ：～になる

○ 너무 걱정이 됩니다. (とても心配になります)

× 너무 걱정에 됩니다.

(5) **－를/ 을 가다** ：～に行く

○ 한국으로 여행을 갑니다. (韓国へ旅行に行きます)

× 한국으로 여행에 갑니다.

※(場所名) に行く → －에 가다 例：시장 (市場) 에 갑니다.
(動作性の名詞)に行く → －를 /을 가다 例：쇼핑 (ショッピング) 을 갑니다.

4 疑問詞〈3〉

何の	どの
무슨	어느

「무슨」と「어느」は、必ず後ろに名詞を伴って用いられます。

무슨 요일 (何曜日) 무슨 책 (何の本) 어느 것 (どれ) 어느 나라 (どの国)

※「どこの国」は、「어디 나라」でなく、「어느 나라」と言います。

総合練習

新出単語

❑ 무슨 何の ❑ 음악 音楽 ❑ 듣다 聞く ❑ 혼자(서) 一人で
❑ 내년 来年 ❑ 되다 (～に)なる

総合練習 1 訳してみましょう。

1) 방에서 음악을 듣습니다.

2) 혼자서 한국에 갑니다.

3) 친구에게 연락합니다.

4) 남동생은 내년에 대학생이 됩니다.

5) 무슨 공부를 합니까?

新出単語

- ❑ 내일 明日
- ❑ 매일 毎日
- ❑ 유학 留学
- ❑ 만나다 会う
- ❑ 타다 乗る
- ❑ 좋아하다 好きだ
- ❑ 선배 先輩
- ❑ 드라마 ドラマ
- ❑ 보다 見る
- ❑ 읽다 読む

総合練習 2 訳してみましょう。

1) 明日、先輩に会います。

2) 毎日ここで地下鉄に乗ります。

3) 母は韓国のドラマが好きです。

4) 図書館で本を読みます。

5) 4月から韓国へ留学に行きます。

♪57 必須単語

점심	昼 / 昼食	읽다	読む	타다	乗る
밥	ご飯	듣다	聞く	우유	牛乳
먹다	食べる	혼자 (서)	一人で	유학	留学
커피	コーヒー	버스	バス	싫어하다	嫌いだ
마시다	飲む	메일	メール	옷	衣服、服
영화관	映画館	보내다	送る	- 되다	(~に) なる
영화	映画	만들다	作る	좋아하다	好きだ
보다	見る	야채	野菜	영어	英語
사다	買う	두부	豆腐	선배	先輩
백화점	百貨店	연락하다	連絡する	후배	後輩
도시락	弁当	내일	明日	저녁	夕方 / 夕飯
가다	行く	매일	毎日	음악	音楽
하다	する	무슨	何の	전화	電話
멀다	遠い	드라마	ドラマ	아주	とても
배우다	習う、学ぶ	자전거	自転車	아침	朝、朝食
가깝다	近い	내년	来年	만나다	会う
공부하다	勉強する	재미있다	面白い	여행	旅行
낮잠(을)자다	昼寝をする	잠 (을) 자다	眠る	일어나다	起きる

会話

1 となりの人と会話してみましょう。♪58

민수: 아침에 몇 시에 일어납니까?

시호: 7 시에 일어납니다.

민수: 수업은 매일 있습니까?

시호: 네, 월요일부터 금요일까지 있습니다.

민수: 오늘은 수업이 몇 시까지 있습니까?

시호: 4 시 10 분까지 있습니다.

민수: 점심은 어디서 먹습니까?

시호: 친구하고 교실에서 도시락을 먹습니다.

민수: 저녁에는 보통 무엇을 합니까?

시호: 아르바이트를 합니다.

♪59 **2** 例にならって話してみましょう。

〈例〉 가: 다나카 씨는 무엇을 합니까?
나: 축구를 합니다.

参考単語

❑ 책을 읽다 ❑ 담배를 피우다 ❑ 화장을 하다 ❑ 공부를 하다
❑ 커피를 마시다 ❑ 음악을 듣다 ❑ 텔레비전을 보다

♪60 **3** 絵を参考に例にならって週末の過ごし方について話してみましょう。

〈例〉 가: 토요일에 뭐 합니까? 나: 저는 토요일에 빨래합니다.

4 例にならって組み合わせて言ってみましょう。♪61

〈例〉 영화관에서　영화를　봅니다.

1) 영화관에서	전철을	탑니다.
2) 식당에서	친구를	봅니다.
3) 노래방에서	영화를	만납니다.
4) 도서관에서	밥을	읽습니다.
5) 서울 역에서	노래를	먹습니다.
6) 학교 앞에서	책을	부릅니다.

参考単語

❑ 영화관 映画館　❑ 도서관 図書館　❑ 미용실 美容室　❑ 시장 市場
❑ 식당 食堂　❑ 백화점 百貨店　❑ 카페 カフェ
❑ 편의점 コンビニエンスストア

5 例にならって話してみましょう。♪62

〈例〉 가：도서관은 몇 시부터 몇 시까지예요?
　　　나：도서관은 아침 9 시부터 저녁 10 시까지예요.

은행

우체국

백화점

第10課 공원에 사람이 많아요.

♪63 ## 基本文型

① 오늘은 휴일이에요.
공원에 사람이 많아요.

② 바람이 많이 불어요.
그리고 비도 와요.

③ 배가 아파요.
그래서 지금 병원에 가요.

④ 이 옷이 마음에 들어요.
그러나 가격이 좀 비싸요.

⑤ 숙제를 언제나 잊어 버려요.
그래서 선생님한테 혼나요.

学習内容

1. 丁寧な表現〈2〉「해요体」現在形
2. 用言の変則活用〈1〉（으変則）
3. 連用形
4. 接続詞（そして、しかし／けれども、それで／だから）

1 丁寧な表現〈2〉「해요体」現在形

作り方〈1〉

～です・ます	語幹末母音（ㅏ・ㅗ）　＋ 아요 語幹末母音（ㅏ・ㅗ 以外）＋ 어요

第４課で学習した「～です／ます」の「합니다体」（－ㅂ니다／습니다）がかしこまった表現であるのに対して、「해요体」は、打ちとけた、より親しみのこもった表現になります。作り方は、語幹の最後の母音が「ㅏ，ㅗ」であれば、「아요」を、「ㅏ，ㅗ」以外であれば「어요」をつけます。平叙文には「.」を、疑問文には「?」をつけます。

〈平叙形〉　語幹　語幹末母音

많다（多い）　많　→　（ㅏ）　：많 ＋ 아요 → 많아요. ↘（多いです）

먹다（食べる）　먹　→　（ㅓ）　：먹 ＋ 어요 → 먹어요. ↘（食べます）

〈疑問形〉

좋다（良い）　좋　→　（ㅗ）　：좋 ＋ 아요 → 좋아요? ↗（良いですか）

읽다（読む）　읽　→　（ㅣ）　：읽 ＋ 어요 → 읽어요? ↗（読みますか）

作り方〈2〉

～です・ます	하語幹 ＋ 여요 → 해요

語幹が하で終わる用言（動詞、形容詞など）は、「여요」がつき、さらに 해요 と縮約されます。

하다（する）　하　＋ 여요　→　해요（します）

조용하다（静かだ）　조용하 ＋ 여요　→　조용해요（静かです）

練習 1 「해요体」に直してみましょう。

1）앉다（座る）　＿＿＿＿＿＿　2）괜찮다（大丈夫だ）　＿＿＿＿＿＿

3）웃다（笑う）　＿＿＿＿＿＿　4）멀다（遠い）　＿＿＿＿＿＿

5）편리하다（便利だ）　＿＿＿＿＿＿　6）생각하다（考える）　＿＿＿＿＿＿

新出単語

❏ 없다 いない／ない	❏ 점심밥 昼食	❏ 공원 公園
❏ 사랑하다 愛する	❏ 아이(들) 子ども(たち)	❏ 봄 春
❏ 날씨 天気	❏ 따뜻하다 暖かい	❏ 놀다 遊ぶ

練習２ 助詞を補って文を作り、訳してみましょう。(文末は**해요**体にすること)

1) 오늘 / 돈 / 없다
2) 공원 / 아이들 / 놀다
3) 식당 / 점심밥 / 먹다
4) 저 / 가족 / 사랑하다
5) 봄 / 날씨 / 따뜻하다

作り方〈3〉

語幹末にパッチムがないときに母音間に縮約がおきます。

(語幹の後で「-아／어」が脱落する)

① ㅏ ＋ 아요 → ㅏ요 ： 가다 (行く)　가 ＋ 아요 → 가요 (行きます)
② ㅓ ＋ 어요 → ㅓ요 ： 서다 (止まる)　서 ＋ 어요 → 서요 (止まります)
③ ㅕ ＋ 어요 → ㅕ요 ： 켜다 (つける)　켜 ＋ 어요 → 켜요 (つけます)
④ ㅔ ＋ 어요 → ㅔ요 ： 세다 (数える)　세 ＋ 어요 → 세요 (数えます)
⑤ ㅐ ＋ 어요 → ㅐ요 ： 내다 (出す)　내 ＋ 어요 → 내요 (出します)

(※ 語幹末の母音が ㅏ, ㅓ, ㅕ, ㅔ, ㅐ の場合は、語幹＋요と考えてよい)

練習３ 「**해요体**」に直してみましょう。

1) 보내다 (送る) ＿＿＿＿＿＿　2) 펴다 (開く) ＿＿＿＿＿＿
3) 만나다 (会う) ＿＿＿＿＿＿　4) 건너다 (渡る) ＿＿＿＿＿＿
5) 설레다 (ときめく) ＿＿＿＿＿＿　6) 사다 (買う) ＿＿＿＿＿＿

(語幹末の母音と「-아／어」が融合する)

⑥ ㅗ ＋ 아요 → ㅘ요 ： 오다 (来る)　오 ＋ 아요 → 와요 (来ます)
⑦ ㅜ ＋ 어요 → ㅝ요 ： 끼우다 (挟む)　끼우 ＋어요→ 끼워요 (挟みます)

⑧ ㅚ + 어요 → ㅙ요 ： 되다 (なる) 되 + 어요 → 돼요 (なります)

⑨ ㅣ + 어요 → ㅕ요 ： 지다 (負ける) 지 + 어요 → 져요 (負けます)

※指定詞の이다は、이에요となります。第 6 課の会話で学習したように、前に来る名詞などにパッチムがなければ 이에요は「예요」と縮約されます。(☞ p.33 参照)

練習 4 「해요体」に直してみましょう。

1) 보다 (見る) ______ 2) 배우다 (学ぶ) ______

3) 피다 (咲く) ______ 4) 선생님이다 (先生だ) ______

新出単語

❑ 꽃 花 ❑ 가게 店、~屋 ❑ 기다리다 待つ ❑ 비 雨

練習 5 必要な助詞を補って文を作り、訳してみましょう。(文末は해요体にすること)

1) 은행 / 돈 / 찾다

2) 교실 / 친구 / 기다리다

3) 꽃 가게 / 꽃 / 사다

4) 아침 / 우유 / 마시다

5) 어머니 / 홍차 / 좋아하다

2 用言の変則活用〈1〉

「해요体」活用の際に、変則的に変わる用言を変則用言といいます。ここではまず、으 変則を学びます。

으変則

・語幹が母音「ㅡ」で終わり、音節が一つだけで作られている場合
(− 아요 / 어요が接続すると「ㅡ」と「ㅇ」が脱落します)

끄다 (消す) 끄 + 어요 → ㄲ + ㅓ요 → 꺼요 (消します)

뜨다 (浮かぶ) 뜨 + 어요 → ㄸ + ㅓ요 → 떠요 (浮かびます)

・語幹が「ㅡ」母音で終わり、音節が二つ以上で作られている場合
(「ㅡ」の前の音節の母音字に合わせて－아요 / 어요をつけます。「ㅡ」と「ㅇ」が脱落します)

바쁘다 (忙しい)　바쁘 + 아요 → 바ㅃ + ㅏ요 → 바빠요 (忙しいです)

기쁘다 (嬉しい)　기쁘 + 어요 → 기ㅃ + ㅓ요 → 기뻐요 (嬉しいです)

練習 6　「해요体」に直してみましょう。

1) 쓰다 (書く) ________　2) 나쁘다 (悪い) ________

3) 예쁘다 (可愛い) ________　4) 아프다 (痛い) ________

3 連用形

～て	用言の語幹 ＋ 아 / 어

補助動詞〔보다 (みる)、주다 (やる)、버리다 (しまう)、놓다 (おく)〕などと一緒に用いられる際の用言の形を連用形といいます。語幹末母音が「ㅏ，ㅗ」であれば、「아」を、「ㅏ，ㅗ」以外であれば「어」をつけます。

(※基本的には「해요体」から最後の요を取った形と同じと考えてよい)

〈連用形〉 (아 / 어) ＋ 보다 (～てみる)
주다 (～てくれる／やる)
버리다 (～てしまう)

잡다 (つかむ)　잡 + 아 → 잡아 : 잡아 보다 (つかんでみる)

읽다 (読む)　읽 + 어 → 읽어 : 읽어 주다 (読んであげる／くれる)

※하다用言の場合には여をつけます。

하다 (する)　하 + 여 → 하여 → 해 : 해 버리다 (やってしまう)

※連用形の後に～주세요をつけると、丁寧な命令の表現として使います。

만들어 주세요. (作ってください)　읽어 주세요. (読んでください)　해 주세요. (してください)

新出単語

❏ 믿다 信じる　❏ 잊다 忘れる　❏ 찍다 (写真を)撮る

 韓国語に直してみましょう。

1) 信じてみます。
2) 忘れてしまいます。
3) 撮ってくれます。
4) 読んでみます。

4 接続詞

そして	しかし / けれども	それで / だから
그리고	그러나 / 그렇지만	그래서

오늘은 한국어 수업이 있습니다. 그리고 영어 수업도 있습니다.
（今日は韓国語の授業があります。そして英語の授業もあります）

내일은 토요일입니다. 그러나 보강이 있습니다. 그래서 학교에 갑니다.
（明日は土曜日です。しかし補講があります。だから学校に行きます）

※ 그러나は文章体で多く用い、会話体では그렇지만 /하지만を用います。

総合練習

新出単語

- ❑ 너무 とても
- ❑ 많다 多い
- ❑ 성격 性格
- ❑ 울다 泣く
- ❑ 배 腹
- ❑ 배 (가) 고프다 お腹がすいている、空腹だ
- ❑ 키 身長
- ❑ 크다 大きい、(背が) 高い
- ❑ 비슷하다 似ている

総合練習 1 下線部を해요体に直して、訳してみましょう。

1) 오늘은 숙제가 많다
2) 아이가 울다
3) 배가 너무 고프다
4) 동생은 키가 크다
5) 성격이 비슷하다

新出単語

- ❑ 역사 歴史
- ❑ 요즘 最近
- ❑ 가르치다 教える
- ❑ 언제나 いつも
- ❑ 값 値段
- ❑ 비싸다 (値段が) 高い
- ❑ - 아 / 어 버리다 ～てしまう
- ❑ 오다 来る、(雨、雪が) 降る
- ❑ 조금 / 좀 少し

総合練習 2 訳してみましょう。(文末は해요体にすること)

1) 最近毎日雨が降ります。

2) 学校で歴史を教えます。

3) 値段が少し高いです。

4) 母がお弁当を作ってくれます。

5) いつも宿題を忘れてしまいます。

♪64 必須単語

없다	いない / ない	괜찮다	大丈夫だ	믿다	信じる
키	身長、背(丈)	따뜻하다	暖かい	조금 / 좀	少し
공원	公園	놀다	遊ぶ	울다	泣く
아이	子供	꽃	花	병원	病院
사랑하다	愛する	가게	店、～屋	성격	性格
슬프다	悲しい	적다	少ない	월요일	月曜日
비슷하다	似ている	가르치다	教える	화요일	火曜日
재미없다	面白くない	휴일	休日	수요일	水曜日
피다	咲く	그리고	そして	목요일	木曜日
기다리다	待つ	편리하다	便利だ	금요일	金曜日
비	雨	배고프다	空腹だ	토요일	土曜日
바람	風	크다	大きい	일요일	日曜日
불다	吹く	많다	多い	비싸다	(値段が) 高い
작다	小さい	잊다	忘れる	아프다	痛い
나쁘다	悪い	그래서	それで	값 / 가격	値段
점심밥	昼食	찍다	(写真を) 撮る	조용하다	静かだ
너무	あまりに	혼나다	叱られる	요즘	最近
봄	春	머리	頭、髪	언제나	いつも
마음에 들다	気に入る	그러나 / 그렇지만	しかし	오다	来る、(雨、雪が) 降る

会話

1 となりの人と会話してみましょう。♪65

민수: 시호 씨, 내일 저녁에 시간 있어요?

시호: 내일 친구 집에 가요.

민수: 그럼, 수요일은 시간 있어요?

시호: 수요일은 수업이 많아요. 그래서 시간이 없어요.

민수: 주말에는 뭐 해요?

시호: 주말에도 동아리 모임이 있어요.

민수: 아, 그래요?

시호: 미안해요.

민수: 괜찮아요. ㅠㅠ

♪66 **2** 例にならって文をつないで言ってみましょう。

〈例〉 시험은 없다 / 리포트가 있다 ⇒ 시험은 없어요. 그렇지만 리포트가 있어요.

1) 시험은 없다 / 숙제는 있다

2) 이 영화 재미있다 / 조금 길다

3) 백화점은 물건이 좋다 / 너무 비싸다

4) 오늘은 일요일이다 / 학교에 가다

5) 언니는 바쁘다 / 오빠는 한가하다

♪67 **3** 例にならって文をつないで言ってみましょう。

〈例〉 비빔밥을 좋아하다 / 자주 먹다 ⇒ 비빔밥을 좋아해요. 그래서 자주 먹어요.

1) 수요일은 수업이 없다 / 집에서 쉬다

2) 수업이 많다 / 아주 바쁘다

3) 오늘은 휴일이다 / 사람이 많다

4) 버스는 시간이 걸리다 / 지하철을 타다

5) 배가 아프다 / 병원에 가다

♪68 **4** となりの人と話してみましょう。

1) 내일 뭐 해요? (약속이 있다)

2) 어디로 쇼핑 가요? (동대문 시장)

3) 그 옷 비싸요? (싸다)

4) 눈이 나빠요? (좋다)

5) 머리가 길어요? (짧다)

5 [京都]はどういうところか、となりの人と話してみましょう。
また、[　　] 内の地名を入れかえて自分の出身地や旅行で訪れたところについて話してみましょう。

[교토] 는?

・観光客は多い?　　・人は親切?
・物価は高い?　　・交通は便利?
・景色は美しい?　　・食べ物は美味しい?

参考単語

❑ 관광객이 많다　❑ 사람이 친절하다　❑ 물가가 비싸다　❑ 교통이 편하다
❑ 경치가 아름답다　❑ 음식이 맛있다

6 例にならってとなりの人と性格について話してみましょう。

〈例〉
・저는 성격이 활발해요 .　그리고 적극적이에요 .　그래서 친구가 많아요 .
・~씨는 마음이 넓어요 .　그렇지만 조금 우유부단해요 .

参考単語

❑ 성격　性格　　❑ 적극적이다　積極的だ　　❑ 소극적이다　消極的だ
❑ 활발하다　活発だ　　❑ 얌전하다　おとなしい　　❑ 마음이 넓다　心が広い
❑ 꼼꼼하다　几帳面だ　　❑ 마음이 좁다　心が狭い　　❑ 우유부단하다　優柔不断だ
❑ 착하다　善良だ　　❑ 고집이 세다　頑固だ　　❑ 느리다　おっとりしている
❑ (성미가 / 성격이) 급하다　せっかちだ、気が短い

第11課 지난 주에 노래방에 갔어요.

♪69 基本文型

① 언니는 음악을 좋아해요.
특히 클래식 음악을 잘 들어요.

② 한국어는 발음이 좀 어려워요.
그렇지만 재미있어요.

③ 지난 주에 노래방에 갔어요.
한국 노래를 많이 불렀어요.

④ 어제는 제 생일이었습니다.
집에서 친구들과 생일 파티를 했습니다.

⑤ 오늘은 하루종일 바빴습니다.
그래서 너무 피곤합니다.

学習内容

1. 用言の変則活用〈2〉（ㄷ変則、ㅂ変則、르変則）
2. 過去形〈1〉「합니다体」
3. 過去形〈2〉「해요体」

文法と解説

1 用言の変則活用〈2〉

(1) ㄷ変則（動詞）

・語幹末のパッチムが「ㄷ」で終わる動詞の一部は、아 / 어 / 으 で始まる語尾の前では、「ㄷ」が「ㄹ」に変わります。

묻다（尋ねる）　묻 + 어요 → 물어요（尋ねます）

싣다（載せる）　싣 + 어요 → 실어요（載せます）

注意：「ㄷ」が「ㄹ」に変わらない正則活用する動詞もありますので注意しましょう。
　主な正則活用動詞：닫다（閉める）　받다（もらう）　믿다（信じる）など

練習 1　変則か正則かに注意して「**해요体**」に直してみましょう。

1） 걷다（歩く）＿＿＿＿＿＿　2） 믿다（信じる）＿＿＿＿＿＿

3） 듣다（聞く）＿＿＿＿＿＿　4） 받다（もらう）＿＿＿＿＿＿

(2) ㅂ変則（動詞・形容詞）

・語幹末のパッチムが「ㅂ」で終わる形容詞の多くと動詞のいくつかは、아 / 어 / 으 で始まる語尾の前では、「ㅂ」が「우」に変わります。

밉다（憎い）　밉 + 어요 → 미우 + 어요 → 미워요（憎いです）

덥다（暑い）　덥 + 어요 → 더우 + 어요 → 더워요（暑いです）

動詞は、굽다（焼く）、눕다（横になる）、돕다（助ける）以外は正則活用します。

※돕다（助ける）は、例外的に、도오아요 → 도와요となります。
　집안 일을 도와요 .（家事を手伝います）

形容詞の内、좁다（狭い）は例外的に正則活用します。

練習 2　変則か正則かに注意して「**해요体**」に直してみましょう。

1） 어렵다（難しい）＿＿＿＿＿＿　2） 귀엽다（可愛い）＿＿＿＿＿＿

3） 입다（着る）＿＿＿＿＿＿　4） 맵다（辛い）＿＿＿＿＿＿

(3) 르変則

語幹が르で終わる用言の多くは、아 / 어 / 으で始まる語尾の前では、語幹末の母音「ㅡ」と「ㅇ」が脱落し、残った「ㄹ」は ①前の文字のパッチムとなり、さらに ②아 / 어 と融合します（르の前の母音が「ㅏ, ㅗ」であれば「ㄹ라요」、「ㅏ, ㅗ以外」であれば「ㄹ러요」）。

고르다（選ぶ）　고르 + 아요 → 고 + ㄹ + 아요 → 골라요（選びます）

흐르다（流れる）　흐르 + 어요 → 흐 + ㄹ + 어요 → 흘러요（流れます）

練習3 「해요体」に直してみましょう。

1) 부르다（歌う） ______________　2) 모르다（知らない） ______________

3) 기르다（飼う） ______________　4) 다르다（異なる） ______________

新出単語

❑ 살다 住む　❑ 노래 歌　❑ 부르다 歌う　❑ 보통 普通 / 普段

❑ 교토 京都　❑ 이야기 話　❑ 어렵다 難しい　❑ 또 また　❑ 많이 たくさん

♪70 **練習4** 日本語に訳してみましょう。

저는 대학생입니다①. 지금 교토에 삽니다②. 매일 학교에 갑니다③.
학교에서 한국어를 배웁니다④. 한국어는 조금 어렵습니다⑤.
그렇지만 아주 재미있습니다⑥. 한국어 수업에서 한국 노래도 듣습니다⑦.
토요일은 수업이 없습니다⑧. 그래서 토요일에는 보통 친구를 만납니다⑨.
친구하고 커피도 마십니다⑩. 그리고 노래방에서 한국 노래도 부릅니다⑪.
또 우리는 이야기도 많이 합니다⑫.

____

____

____

____

____

____

 練習4の文の下線部を「**해요体**」に直してみましょう。

①＿＿＿＿＿＿	②＿＿＿＿＿＿	③＿＿＿＿＿＿
④＿＿＿＿＿＿	⑤＿＿＿＿＿＿	⑥＿＿＿＿＿＿
⑦＿＿＿＿＿＿	⑧＿＿＿＿＿＿	⑨＿＿＿＿＿＿
⑩＿＿＿＿＿＿	⑪＿＿＿＿＿＿	⑫＿＿＿＿＿＿

2 過去形〈1〉「합니다体」

語幹末母音（ㅏ・ㅗ）　＋ **았습니다**
語幹末母音（ㅏ・ㅗ 以外）＋ **었습니다**

語幹末母音が「ㅏ，ㅗ」であれば、「았습니다」を、「ㅏ，ㅗ」以外であれば「었습니다」をつけます。하語幹は、「하＋여요→하였습니다→했습니다」となります（第5課で学んだ「해요体」の現在形から最後の요をとって「ㅆ습니다」をつけると覚えてもよい）。

많다（多い）　：많　＋았습니다 → 많았습니다（多かったです）
울다（泣く）　：울　＋었습니다 → 울었습니다（泣きました）
공부하다（勉強する）：공부하 ＋였습니다 → 공부했습니다（勉強しました）

※「해요体」を作る場合と同じく、縮約や変則活用が適用されます。

사다（買う）　：사　＋았습니다 → 샀습니다（買いました）
배우다（学ぶ）：배우 ＋었습니다 → 배웠습니다（学びました）
걷다（歩く）　：걷　＋었습니다 → 걸었습니다（歩きました）
춥다（寒い）　：춥　＋었습니다 → 추웠습니다（寒かったです）
부르다（歌う）：부르 ＋었습니다 → 불렀습니다（歌いました）

※指定詞の이다、아니다の「합니다体 過去形」は、이었습니다 / 였습니다，아니었습니다となります。

이다 → 이었습니다 / 였습니다　　아니다 → 아니었습니다

학생이었습니다.（学生でした）　학생이 아니었습니다.（学生ではありませんでした）

※이었습니다は名詞の最後の音節にパッチムがないものの後では였습니다と縮約されます。

친구이었습니다 → 친구였습니다.（友達でした）

練習 6 「합니다体 過去形」に直してみましょう。

1） 재미있다（面白い）＿＿＿＿＿＿＿＿ 2） 오다（来る）＿＿＿＿＿＿＿＿

3） 모르다（知らない）＿＿＿＿＿＿＿＿ 4） 피곤하다（疲れている）＿＿＿＿＿＿＿＿

3 過去形〈2〉「해요体」

語幹末母音（ㅏ・ㅗ）	＋ 았어요
語幹末母音（ㅏ・ㅗ 以外）	＋ 었어요

語幹末母音が「ㅏ，ㅗ」であれば、「았어요」を、「ㅏ，ㅗ」以外であれば「었어요」をつけます。하語幹は、「하＋여요→하였어요→했어요」となります（第5課で学んだ「해요体」の現在形から最後の요をとって「ㅆ어요」をつけると考えてもよい）。

많다（多い）	많 ＋ 았어요	→	많았어요（多かったです）
울다（泣く）	울 ＋ 었어요	→	울었어요（泣きました）
공부하다（勉強する）	공부하 ＋ 였어요	→	공부했어요（勉強しました）

※ 語幹末にパッチムのない場合や変則用言の場合でも、つけ方は同じです。

사다（買う）	사 ＋ 았어요	→	샀어요（買いました）
배우다（学ぶ）	배우 ＋ 었어요	→	배웠어요（学びました）
걷다（歩く）	걷 ＋ 었어요	→	걸었어요（歩きました）
춥다（寒い）	춥 ＋ 었어요	→	추웠어요（寒かったです）
부르다（歌う）	부르 ＋ 었어요	→	불렀어요（歌いました）

練習 7 変則活用に注意して、「해요体 過去形」に直してみましょう。

1） 춥다（寒い）＿＿＿＿＿＿＿＿ 2） 팔다（売る）＿＿＿＿＿＿＿＿

3） 걷다（歩く）＿＿＿＿＿＿＿＿ 4） 기르다（飼う）＿＿＿＿＿＿＿＿

※ 指定詞の이다、아니다の「해요体 過去形」は、이었어요 /였어요， 아니었어요となります。

선생님이다 → 선생님이에요 → 선생님이었어요
(先生だ) (先生です) (先生でした)

선생님이 아니다 → 선생님이 아니에요 → 선생님이 아니었어요
(先生ではない) (先生ではありません) (先生ではありませんでした)

※ 이었어요は前に来る名詞が母音で終わる(パッチムがない)ものの後では였어요と縮約されます。

친구이었어요 → 친구였어요 (友達でした)

第11課

総合練習

新出単語

- ❑ 여름 夏
- ❑ 바쁘다 忙しい
- ❑ 덥다 暑い
- ❑ 이번 今度
- ❑ 정말 本当に
- ❑ 하루종일 一日中
- ❑ 어제 昨日
- ❑ 이다 ～だ

総合練習 1 下線部をそれぞれ「**합니다**体 過去形」に直してみましょう。

1) 하루종일 방에서 음악을 듣다

2) 이번 여름은 아주 덥다

3) 어제는 휴일이다

4) 오늘은 정말 바쁘다

5) 노래방에서 언제나 한국 노래를 부르다

新出単語

- ❑ 빠르다 早い
- ❑ 같이 一緒に
- ❑ 제일 一番
- ❑ 지난 주 先週
- ❑ 맵다 辛い
- ❑ 전철 電車
- ❑ 쇼핑 ショッピング

総合練習 2 訳してみましょう。(文末は**해요**体にすること)

1) 昨日は友達と一緒に映画を見ました。

2) 先週の日曜日に祖母に会いました。

3) 私たちはショッピングをしました。

4) チゲが少し辛かったです。

5) 9 時の電車が一番早いです。

♪71 **必須単語**

살다	住む	여러 가지	いろいろな	빠르다	速い、早い
여름	夏	비행기	飛行機	하루종일	一日中
노래	歌	같이	一緒に	덥다	暑い
있다	ある、いる	다음 주	来週	이번	今度、今回
기르다	飼う	모르다	知らない	정말	本当
춥다	寒い	보통	普通、普段	어제	昨日
이야기 / 얘기	話	제일	一番	지난 주	先週
가을	秋	잘	よく、上手に	선물	プレゼント
전철	電車	날씨	天気、天候	받다	もらう
쉽다	簡単だ	어렵다	難しい	쉬다	休む
또	また	파티	パーティー	피곤하다	疲れている
무섭다	怖い	이다	～だ	알다	分かる、知る
부르다	(歌を) 歌う	한가하다	暇だ	맵다	辛い
사진	写真	길다	長い	기쁘다	嬉しい
문제	問題	많이	たくさん	쓰다	書く
주말	週末	걷다	歩く	겨울	冬
가수	歌手	그래요	そうです / そうですか	팔다	売る
지내다	過ごす	바쁘다	忙しい	배부르다	腹いっぱいだ

会 話

1 となりの人と会話してみましょう。♪72

민수: 시호 씨, 주말 잘 지냈어요?

시호: 네, 잘 지냈어요. 노래방에도 갔어요.

민수: 그래요? 누구하고 갔어요?

시호: 미영 씨하고 진우 씨하고 같이 갔어요.

민수: 무슨 노래를 불렀어요?

시호: 한국 노래를 많이 불렀어요.

민수: 재미있었어요?

시호: 네, 아주 재미있었어요.

민수: 시호 씨는 노래 잘 불러요?

시호: 그저 그래요.

*그저 그래요

♪73 **2** 해요体の現在形と過去形に直して言ってみましょう。

1) 책을 읽다（本を読む）

2) 밥을 먹다（ご飯を食べる）

3) 커피를 마시다（コーヒーを飲む）

4) 이야기를 하다（話をする）

5) 리포트를 쓰다（レポートを書く）

♪74 **3** 次は変則的に活用する用言です。해요体の現在形と過去形に直して言ってみましょう。

	～です／ます。	～でした／ました。
〔ㄷ変則〕		
1) 음악을 듣다（音楽を聞く）	＿＿＿＿＿＿	＿＿＿＿＿＿
역까지 걷다（駅まで歩く）	＿＿＿＿＿＿	＿＿＿＿＿＿
주소를 묻다（住所を尋ねる）	＿＿＿＿＿＿	＿＿＿＿＿＿
〔ㅂ変則〕		
2) 여름은 덥다（夏は暑い）	＿＿＿＿＿＿	＿＿＿＿＿＿
선생님이 무섭다（先生が怖い）	＿＿＿＿＿＿	＿＿＿＿＿＿
시험이 어렵다（試験が難しい）	＿＿＿＿＿＿	＿＿＿＿＿＿
〔르変則〕		
3) 머리를 자르다（髪を切る）	＿＿＿＿＿＿	＿＿＿＿＿＿
노래를 부르다（歌を歌う）	＿＿＿＿＿＿	＿＿＿＿＿＿
이름을 모르다（名前を知らない）	＿＿＿＿＿＿	＿＿＿＿＿＿

4 単語クイズ ♪75

(　　)の中に適当なものを下から選んで言ってみましょう。

① 이 옷은 비싸요?　　아뇨, (　　　　　)
② 날씨가 더워요?　　아뇨, (　　　　　)
③ 생일이 같아요?　　아뇨, (　　　　　)
④ 문제가 어려워요?　　아뇨, (　　　　　)
⑤ 친구가 많아요?　　아뇨, (　　　　　)
⑥ 사이가 좋아요?　　아뇨, (　　　　　)
⑦ 이름을 알아요?　　아뇨, (　　　　　)
⑧ 생선을 좋아해요?　　아뇨, (　　　　　)
⑨ 시간 있어요?　　아뇨, (　　　　　)
⑩ 내일 한가해요?　　아뇨, (　　　　　)
⑪ 키가 작아요?　　아뇨, (　　　　　)

❑ 싸요	❑ 적어요	❑ 나빠요	❑ 쉬워요
❑ 커요	❑ 바빠요	❑ 몰라요	❑ 없어요
❑ 추워요	❑ 달라요	❑ 싫어해요	

5 例にならってとなりの人と話してみましょう。♪76

〈例〉 방이 작다. (크다) ⇒ 방이 작았어요? － 아뇨, 컸어요.

1) 숙제가 많다. (적다)

2) 날씨가 좋다. (나쁘다)

3) 약속이 있다. (없다)

4) 그 가수 좋아하다. (싫어하다)

5) 일찍 일어나다. (늦잠 자다)

6 となりの人と自由に会話してみましょう。

언제　누구하고　어디서　무엇을　했어요?

지난 주 월요일에 ～

第12課 요즘은 별로 바쁘지 않아요.

♪77 ## 基本文型

① 그 영화 봤어요?
아뇨, 아직 안 봤어요.

② 요즘 바빠요?
별로 바쁘지 않아요.

③ 온천 가고 싶어요?
가고 싶지만 돈이 없어요.

④ 지금 뭐 하고 있어요?
도서관에서 책을 읽고 있어요.

⑤ 고기도 잘 먹고 생선도 잘 먹지만
야채는 잘 안 먹어요.

学習内容

1. 用言の否定形
2. 接続語尾〈1〉（〜て、し、であり / 〜だが、けれども）
3. 不可能の表現
4. 現在進行形（〜ている）
5. 願望の表現（〜たい）

文法と解説

1 用言の否定形

～ません、～くありません	① 안 ＋ 用言 ② 語幹 ＋ 지 않다

動詞・形容詞の否定表現には ①前置否定と ②後置否定の二通りがあります。

〈前置否定形〉
動詞・形容詞の前に「안」をつけて否定の意を表します。

안 ＋ 가다（行く） → 안 갑니다/ 가요.（行きません）

안 ＋ 바쁘다（忙しい） → 안 바쁩니까?/ 바빠요?（忙しくありませんか）

※ ただし、「動作性名詞＋하다」（＝動詞）の場合は、「하다」の前に「안」をつけます。

공부하다（勉強する） → 공부 안 합니다/ 해요.（勉強しません）

청소하다（掃除する） → 청소 안 합니다/ 해요.（掃除しません）

〈後置否定形〉
動詞・形容詞の原形から「다」を取った後、「-지 않다」をつけて否定形を作ります。

가다 ： 가 ＋ 지 않다 → 가지 않습니다/ 않아요.（行きません）

바쁘다： 바쁘 ＋ 지 않다 → 바쁘지 않습니까/ 않아요?（忙しくありませんか）

※会話では안を使う前置否定形がより多く用いられます。

※「状態性名詞＋하다」（＝形容詞）は、原則的に後置否定形を用いますが、前置否定形を使うと「조용하다」（静かだ）→「안 조용하다」となります。
他に「한가하다」（暇だ）、「행복하다」（幸福だ）、「편리하다」（便利だ）があります。

練習 1 「해요体 前置否定形」と「합니다体 後置否定形」に直してみましょう。

1） 하다（する） ＿＿＿＿／＿＿＿＿　2） 사다（買う） ＿＿＿＿／＿＿＿＿

3） 춥다（寒い） ＿＿＿＿／＿＿＿＿　4） 놀다（遊ぶ） ＿＿＿＿／＿＿＿＿

第12課

存在詞「있다」がついた用言の否定は普通、「없다」となります。

재미있습니다（面白いです） → 재미없습니다（面白くありません）

맛있습니다（美味しいです） → 맛없습니다［마덥씀니다］（美味しくありません）

※パッチム「ㅅ」で終わる単語に母音ではじまる単語が続く場合、パッチムは代表音「ㄷ」となって連音化します。

맛（味）＋ 없다（ない） → ［맏］＋［업따］ → ［마덥따］○ ［마섭따］×

ただし、맛있다（美味しい） → ［마싣따］○ ［마딛따］○

他に、멋있다（すてきだ）があります。［머싣따］○ ［머딛따］○

※「알다」（わかる／知る）の否定は、「모르다」（わからない／知らない）を用います。

압니다（わかります／知っています） → 모릅니다（わかりません／知りません）

안 압니다 ×

新出単語

□ 전혀 まったく　□ 거의 ほとんど　□ 별로 あまり
□ 가끔 時々　□ 자주 しばしば

練習 2 訳してみましょう。

1） 한국 드라마를 가끔 봐요 .
2） 선배에게 자주 연락해요 .
3） 백화점에는 거의 안 가요 .
4） 커피는 전혀 안 마셔요 .
5） 김치는 별로 좋아하지 않아요 .

2 接続語尾〈1〉

1 ～て、し、であり	語幹 ＋ 고

「-고」は、二つ以上の事実を順序立てて表したり、二つ以上の動作や状態などを並べて言う時に使います。

① 動作を時間の流れにそって順序立てて述べる。

밥을 먹고 신문을 읽어요.　（ご飯を食べて（から）新聞を読みます）

숙제를 하고 텔레비전을 봐요.　（宿題をして（から）テレビを見ます）

② 事柄を並列的に述べる(交換可能)。

아버지는 회사원이고 어머니는 선생님이에요. (父は会社員で、母は先生です)

빵도 먹고 우유도 마셔요. (パンも食べるし、牛乳も飲みます)

2

～だが、けれども	語幹 ＋ 지만

「– 지만」は、語幹について逆接の意を表します。

야구는 좋아하지만 축구는 싫어해요. (野球は好きですが、サッカーは嫌いです)

3 不可能の表現

できない	① 못 ＋ 動詞 ② 動詞語幹 ＋ 지 못하다

前で学習した否定の「안 –」と「– 지 않다」の作り方と同じく、不可能の表現にも ①前置と②後置の二通りがあります。動詞の前に「못」をつけるか、動詞語幹に「– 지 못하다」をつけると、能力がない、何らかの理由でできない、といった意を表すことができます。

못 ＋ 사다 → 못 삽니다/ 사요.　　사지 못합니다/ 해요. (買えません)

못 ＋ 먹다 → 못 먹습니다/ 먹어요. 먹지 못합니다/ 해요. (食べられません)

못 ＋ 읽다 → 못 읽습니다/ 읽어요. 읽지 못합니다/ 해요. (読めません)

※会話では「前置不可能の表現」の方がより多く使われます。
※「動作性名詞＋하다」(＝動詞)の場合は、「하다」の前に「못」をつけます。

노래하다 (歌う) → 노래 못 합니다/ 해요. (歌えません)

요리하다 (料理する) → 요리 못 합니다/ 해요. (料理できません)

운동하다 (運動する) → 운동 못 합니다/ 해요. (運動できません)

「できる、上手だ」という場合は、「잘」(上手く、よく)をつけて表現します。ただし「～ができる」は、「～をできる」となります。

잘 합니다/ 해요. (出来ます、上手です)

잘 만듭니다/ 만들어요. (よく作ります、上手に作ります)

노래를 잘 합니다/ 해요.　　(歌が上手です)

피아노를 잘 칩니다/ 쳐요.　　(ピアノが上手です)

※「上手くできない／下手だ」は、못の前に「잘」をつけて表現します。

잘 못 합니다/ 해요.　　(上手くできません、下手です)

잘 못 만듭니다/ 만들어요.　　(上手く作れません、作るのが下手です)

노래(를)잘 못 합니다/ 해요.　　(歌が下手です)

피아노를 잘 못 칩니다/ 쳐요.　　(ピアノを上手に弾けません、下手です)

練習３　「～が(よく)できます／よくできません／ができません」の表現にしてみましょう。

1) 한국말을 하다(韓国語を話す)

2) 술을 마시다(お酒を飲む)

3) 그림을 그리다(絵を描く)

4) 운전을 하다(運転をする)

5) 한글을 읽다(ハングルを読む)

4 現在進行形

～ている	動詞の語幹　＋　고 있다

動作の進行や動作が完了した後の状態を表します。

(1)動作の進行

공부하다(勉強する)　→　공부하고 있습니다.　　(勉強しています)

책을 읽다(本を読む)　→　책을 읽고 있어요.　　(本を読んでいます)

(2)動作の完了後の状態

바지를 입다(ズボンを穿く)　→　언제나 바지를 입고 있습니다.
(いつもズボンを穿いています)

모자를 쓰다(帽子をかぶる)　→　오늘도 모자를 쓰고 있어요.
(今日も帽子をかぶっています)

5 願望の表現

～たい	動詞の語幹 ＋ **고 싶다**

希望・願望を表す表現です。

먹다（食べる） → 먹고 싶습니다.（食べたいです）

가다（行く） → 가고 싶어요.（行きたいです）

놀다（遊ぶ） → 놀고 싶어요.（遊びたいです）

※「～が～たいです」の表現は、「～를 / 을 ～고 싶습니다」となります。

한국 영화를 보고 싶습니다.（韓国映画が見たいです）

비빔밥을 먹고 싶어요.（ビビンバが食べたいです）

なお、비빔밥이 먹고 싶어요. も使われます。

新出単語

❑ 물 水　❑ 피아노 ピアノ

練習 4 願望の表現「-고 싶다」の文を作ってみましょう。(文末は**합니다**体に)

1) 물 / 마시다

2) 피아노 / 배우다

3) 옷 / 사다

4) 한국 드라마 / 보다

総合練習

新出単語

❑ 산 山　❑ 얼굴 顔　❑ 싸다 安い　❑ 맛있다 美味しい

❑ 더 もっと　❑ 좋다 良い　❑ 예쁘다 かわいい　❑ 다르다 異なっている

総合練習 1 適当な接続語尾を用いて1つの文につないでみましょう。(文末は**해요**体に)

1) 산도 좋다 / 바다가 더 좋다

2) 여동생은 머리가 좋다 / 예쁘다

3) 내일은 휴일이다 / 학교에 가다

4) 얼굴은 비슷하다 / 성격은 다르다

5) 이 식당은 맛있다 / 가격도 싸다

新出単語

- ❑ 고기　肉
- ❑ 아무데도　どこにも
- ❑ 생선　魚
- ❑ 봄 방학　春休み
- ❑ 일하다　働く / 仕事をする

総合練習 2　訳してみましょう。

1) 생선은 잘 먹지만 고기는 못 먹어요 .

2) 봄 방학에 한국에 여행(을) 가고 싶어요 .

3) 친구는 회사에서 일하고 있어요 .

4) 村上春樹の本を読みたいです。

5) 今日はどこにも行けません。

♪78 必須単語

전혀	まったく	술	酒	물	水
거의	ほとんど	운동하다	運動する	아직	まだ
별로	あまり	운전	運転	눈	目
가끔	時々	고기	肉	눈	雪
자주	しばしば	찌개	チゲ	생선	魚
조금	少し	김치	キムチ	짜다	塩辛い
맛있다	美味しい	빵	パン	과일	果物
더	もっと	연휴	連休	아르바이트	アルバイト
몸	体	자다	寝る	일하다	働く
예쁘다	かわいい	요리	料理	다르다	違っている
좋다	良い	얼굴	顔	다니다	通う
나이	年、年齢	온천	温泉	아무데도	どこにも
전화번호	電話番号	갑자기	急に、突然	봄 방학	春休み
바다	海	싸다	(値段が) 安い	여름 방학	夏休み
싫다	いやだ、嫌いだ	쓰다	(帽子を) かぶる	겨울 방학	冬休み
맛없다	美味しくない	산	山	방학	学期中の休み
왜	何故	꼭	必ず	독서	読書

会 話

1 となりの人と会話してみましょう。♪79

시호： 주말에 뭐 해요?

진우： 이번 주말에는 산에 가요.

시호： 산에 자주 가요?

진우： 네, 등산이 취미예요.

시호： 저도 산을 좋아해요.
그런데 누구하고 같이 가요?

진우： 아뇨, 혼자 가요.
시호 씨도 같이 어때요?

시호： 좋아요. 같이 가요.

＊어때요?

2 例にならって質問に答えてみましょう。♪80

〈例〉 가：오늘 학교에 가요?　　나：아뇨, 안 가요. / 가지 않아요.

1) 신문을 읽어요?

2) 아르바이트를 해요?

3) 내일 바빠요?

4) 친구가 많습니까?

5) 이 영화 재미있습니까?

※存在詞「있다」がついた用言の否定

第12課

♪81 **3** 例にならって話してみましょう。

〈例〉 가：영어(를) 잘 해요?
나：네, 잘 해요. / 아뇨, 잘 못 해요. / 아뇨, 못 해요.

1) 요리(를) 잘해요?

2) 술(을) 잘 마셔요?

3) 빵(을) 잘 만들어요?

4) 노래(를) 잘 불러요?

5) 김치(를) 잘 먹어요?

♪82 **4** 次の質問に対して(　　)の中の程度や頻度を表す語を用いて答えてみましょう。(すべて「아뇨」で答える)

1) 책을 매일 읽어요? (거의)

2) 한국어가 어려워요? (별로)

3) 선생님이 무서워요? (전혀)

4) 비빔밥이 맛어요? (아주)

5) 노래방에 가요? (가끔)

♪83 **5** イラストの人が何をしているのか、どんな格好をしているのか言ってみましょう。

① 動作の進行状況

〈例〉 스즈키

자다(자고 있어요)

다나카

밥을 먹다

미노루

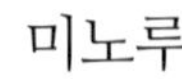

커피를 마시다

레오

웃다

사토루

울다

신지

신문을 읽다

② 動作の完了後の状態

〈例〉 넥타이를 매고 있어요.

안경을 ________________

가방을 ________________

구두를 ________________

모자를 ________________

우산을 ________________

코트를 ________________

参考単語

- ❑ 넥타이　ネクタイ
- ❑ 매다　（ネクタイを）締める
- ❑ 쓰다　（眼鏡を）かける、（帽子を）かぶる
- ❑ 구두　靴
- ❑ 신다　（靴、靴下などを）履く
- ❑ 코트　（コート）
- ❑ 입다　（着る）
- ❑ 들다　（手に）持つ

6 次の各グループから適当なものを選び、「– 고 싶어요」という文を作ってみましょう。またとなりの人に聞いてみましょう。 ♪84

언제
오늘, 내일, 주말,
방학, 연휴 など

어디에 , 어디에서
한국, 백화점, 산, 바다,
노래방, 놀이공원 など

누구하고
친구, 선생님, 가족,
혼자, 우리집 개 など

무엇을
여행, 쇼핑, 공부, 등산
친구를 만나다 など

〈例〉 주말에 뭐 하고 싶어요? – 여행 가고 싶어요.
어디 가고 싶어요? – 온천에 가고 싶어요.
누구하고 가고 싶어요? – 친구하고 가고 싶어요.

力だめしコーナー

第1課～第5課

1 次の人名・地名をハングルで正しく表記したものを①～③の中から選びなさい。

1) 田中　(　　)　① 다나카　② 타나가　③ 다나가

2) 小豆島　(　　)　① 쇼토시마　② 쇼도시마　③ 쇼오도지마

3) 福島　(　　)　① 후구지마　② 후구시마　③ 후쿠시마

4) 長崎　(　　)　① 나가사키　② 나카사기　③ 나가사기

5) 札幌　(　　)　① 사포로　②사보로　③ 삿포로

6) 真一　(　　)　① 신이치　② 싱이지　③ 시니찌

7) 佐々木　(　　)　① 사자기　② 사사키　③ 사사기

8) 金閣寺　(　　)　① 긴가쿠지　② 킨가구지　③ 긴카쿠지

9) 京都　(　　)　① 교토　② 쿄우토　③ 쿄도

10) 茨城　(　　)　① 이파라키　② 이바라기　③ 이바라키

2 次の外来語に対応する日本語を書きなさい。

1) 햄버거 ____________　2) 디즈니랜드 ____________

3) 콜라 ____________　4) 러시아워 ____________

5) 커피 ____________　6) 디지털카메라 ____________

7) 컴퓨터 ____________　8) 샌드위치 ____________

9) 넥타이 ____________　10) 엘리베이터 ____________

3 ①～④の中からパッチムの発音が他と異なるものを一つ選びなさい。

1) (　　)　① 앞　② 밥　③ 옷　④ 집

2) (　　)　① 학　② 밑　③ 꽃　④ 못

3) (　　)　① 값　② 옆　③ 멋　④ 입

4 次の単語を発音どおり表記したものを①～④の中から選びなさい。

1) 발음 (　　) ① [발름] ② [바름] ③ [바흠] ④ [발음]

2) 많이 (　　) ① [만히] ② [마니] ③ [망이] ④ [만이]

3) 입니다 (　　) ① [인니다] ② [이무니다] ③ [임니다] ④ [이브니다]

4) 책상 (　　) ① [책쌍] ② [책상] ③ [채상] ④ [책짱]

5) 많다 (　　) ① [만다] ② [만따] ③ [마나] ④ [만타]

6) 약속이 (　　) ① [야소기] ② [약쏘기] ③ [야쏘기] ④ [약소기]

7) 좋아요 (　　) ① [조하요] ② [조타요] ③ [조다요] ④ [조아요]

8) 그렇지만 (　　) ① [그러지만] ② [그러찌만] ③ [그러히만] ④ [그러치만]

9) 같이 (　　) ① [가티] ② [가이] ③ [가치] ④ [갇이]

10) 비슷해요 (　　) ① [비스새요] ② [비슷해요] ③ [비스태요] ④ [비스애요]

5 ①～④の中から音変化の性質が他と異なるものを一つ選びなさい。

1) (　　) ① 인어 ② 진로 ③ 설날 ④ 한류

2) (　　) ① 학년 ② 없는 ③ 끝말 ④ 맛집

3) (　　) ① 학생 ② 책방 ③ 접시 ④ 작년

4) (　　) ① 입학 ② 많다 ③ 입시 ④ 먹히다

5) (　　) ① 몸은 ② 얼굴을 ③ 많이 ④ 특히

第6課

1 (　　)の中の助詞から適当な助詞を選んで文を完成し、日本語に訳しなさい。

1) 선생님 (는 , 은) 한국사람이에요. ______________________

2) 교과서 (이 , 가) 아닙니다. ______________________

3) 저기 (이 , 가) 교실이에요. ______________________

4) 친구 (의 , 를) 책이에요. ______________________

5) 제 (는 , 가) 노무라입니다. ______________________

2 与えられた日本語の意味になるように、韓国語の語句を並べ変えなさい。

1) この人は私の友達です。　제, 은, 사람, 이, 예요, 친구

____

2) あそこが学校ですか。　예요, 저기, 학교, 가

____

3) 先生は日本人ではありません。　일본, 이, 사람, 은, 선생님, 아닙니다

____

4) 私のものではありません。　아니에요, 것, 이, 세

____

5) それは友達のカバンです。　은, 친구, 가방, 입니다, 그것, 의

____

3 韓国語に訳しなさい。

1) 田中さんは公務員ですか。 ______________________

2) ここが父の会社です。 ______________________

3) あの人がマキさんですか。 ______________________

4) 母のものではありません。 ______________________

5) あそこは図書館ではありません。 ______________________

第7課

1 適当なことばを入れ、文を完成させなさい。

1) 여기가 (　　　) 예요 ?　―――　학교예요 .

2) 이 사람은 (　　　) 예요 ?　―――　선생님이에요 .

3) 이게 (　　　) 예요 ?　―――　가방이에요 .

4) 교실에 (　　　) 있습니까 ?　―――　아무도 없습니다 .

5) 의자 밑에 (　　　) 이 있습니까 ?　―――　아무것도 없습니다 .

2 与えられた日本語の意味になるように、韓国語の語句を並べ変えなさい。

1) そこには学生はいません。　은, 거기, 학생, 에, 없습니다, 는

____

2) この携帯電話は誰のものですか。　누구, 핸드폰, 은, 것, 입니까, 이

____

3) 郵便局は学校の近くにあります。　있어요, 우체국, 에, 학교, 은, 근처

____

4) 父と母は家にいます。　하고, 아버지, 는, 에, 있습니다, 어머니, 집

____

5) 本と消しゴムとカバンは机の上にあります。
지우개, 에, 은, 와, 과, 책상, 가방, 있습니다, 책, 위

____

3 韓国語に訳しなさい。

1) 姉も兄も会社員です。　______________________________

2) 今教室には誰もいません。　______________________________

3) 祖父と祖母がいます。　______________________________

4) 猫はテーブルの下にいます。　______________________________

5) 部屋に何がありますか。　______________________________

第8課

1 全文を日本語に訳しなさい。

우리 가족은 다섯 명입니다.

아버지와 어머니, 그리고 언니가 한 명, 남동생이 한 명 있습니다.

오빠와 여동생은 없습니다.

아버지는 회사원입니다. 어머니는 선생님입니다.

언니는 공무원입니다. 그리고 남동생은 중학교 이 학년입니다.

저는 대학교 일 학년입니다.

우리 집에는 개가 두 마리 있습니다. 이름은 초코하고 모모입니다.

그리고 고양이도 한 마리 있습니다. 이름은 구로입니다.

2 上記 **1** の文章の文末をうちとけた言い方(**예요 /이에요**)に直して、読みなさい。

3 韓国語に訳しなさい。

1) 今日は何月何日ですか。 ______________________

2) 姉は大学4年生です。 ______________________

3) 韓国語の授業は4時20分にあります。 ______________________

4) メロンパンは何個ありますか。 ______________________

5) 兄は22歳です。 ______________________

第9課

1 (　　)の助詞からふさわしいほうを選んで文章を完成して日本語に訳しなさい。

1) 내일 누나 (에, 를) 만납니다. ＿＿＿＿＿＿＿＿

2) 치즈는 우유 (로, 으로) 만듭니다. ＿＿＿＿＿＿＿＿

3) 얼음이 물 (이, 에) 됩니다. ＿＿＿＿＿＿＿＿

4) 가족하고 한국 식당 (에게, 에) 자주 갑니다. ＿＿＿＿＿＿＿＿

5) 리포트는 도서관 (에서, 에) 씁니다. ＿＿＿＿＿＿＿＿

2 間違ったところを正しく直しなさい。

1) 비빔밥하고 불고기가 좋아합니다. →

2) 영어으로 씁니다. →

3) 학교 앞에서 지하철에 탑니다. →

4) 매일 학교에게 갑니다. →

5) 형에 이야기합니다. →

3 韓国語に訳しなさい。

1) 明日も一人で書店に行きます。 ＿＿＿＿＿＿＿＿

2) 弟は毎日図書館で勉強をします。 ＿＿＿＿＿＿＿＿

3) 春休みは家族と韓国へ旅行します。 ＿＿＿＿＿＿＿＿

4) 韓国語の授業は 9 時から 10 時 30 分までです。 ＿＿＿＿＿＿＿＿

5) 家から学校まで遠いですか。 ＿＿＿＿＿＿＿＿

第10課

1 (　　)の中の日本語を韓国語に訳し、文を完成させなさい。

1) 언제나 약속을 (忘れて) 버립니다.

______

2) 사진을 (撮って) 봅니다.

______

3) 어머니가 옷을 (買って) 줍니다.

______

4) 비빔밥을 (作って) 봅니다.

______

5) 혼자서 과자를 다 (食べて) 버립니다.

______

2 上記 **1** の 1)〜3)の下線部を原形に戻しなさい。
さらに、3)〜5)の下線部を「**해요体**」に直しなさい。

1) ______　　2) ______

3) ______　　3) ______

4) ______　　5) ______

3 韓国語に訳しなさい(文末は**해요体**に)。

1) 私の部屋は広いです。 ______

2) 毎日牛乳を飲みます。 ______

3) いつもパソコンを使います。 ______

4) 帽子がよく似合います。 ______

5) 弟に勉強を教えてあげます。 ______

第11課

1 日本語に訳しなさい。

토끼와 거북이

옛날 옛날에 토끼와 거북이가 살았습니다.

하루는 토끼가 거북이를 느림보라고 놀렸습니다.

그러자 거북이는 토끼에게 산 꼭대기까지 달리기 경주를 제안했습니다.

토끼와 거북이는 경주를 시작했습니다.

물론 거북이가 한참 뒤졌습니다.

토끼는 안심을 했습니다. 그래서 도중에 낮잠을 잤습니다.

그렇지만 거북이는 열심히 달렸습니다.

토끼가 잠에서 깨어났습니다. 그리고 뒤를 돌아보았습니다.

그러나 거북이의 모습이 없었습니다.

거북이는 벌써 산 꼭대기에 도착했습니다.

결국 토끼는 거북이에게 졌습니다.

＊ 이 이야기의 교훈은 무엇입니까?

2 韓国語に訳しなさい。(文末は해요体に)

1) 去年の冬はとても寒かったです。 ______

2) 空港にはいつ到着しましたか。 ______

3) 駅は家から近いですか。 ______

4) 目がとても痛かったです。 ______

5) 毎日1時間歩きます。 ______

第12課

1 日本語に訳しなさい。

1) 과자를 잘 만듭니다 .

2) 저는 책을 읽고 친구는 게임을 하고 있어요 .

3) 동생은 눈이 크고 예뻐요 .

4) 잠을 잘 잡니다 .

5) 한국말을 잘 못 합니다 .

2 次の 1) ～ 3) を否定文に、4)、5) を不可能の表現に直しなさい。

1) 동생하고 같이 놀아요 .

2) 요즘 바빠요 .

3) 방 청소해요 .

4) 야채를 먹습니다 .

5) 금요일에는 아르바이트를 해요 .

3 韓国語に訳しなさい。

1) キムチは美味しいけれど少し辛いです。 ______________________

2) 韓国の歌も聞きたいです。 ______________________

3) 私はお酒が飲めません。 ______________________

4) 夏はとても暑いです。 ______________________

5) 韓国語が上手です。 ______________________

▶補足説明◀

1)「ㅢ」の発音について

・語頭では、唇を両側に引くようにして [ɯi] と発音します。

例 의자 (椅子)　의사 (医者)

・語中・語尾、または子音と結びついている場合は [i] と発音します。

例 주의 (注意)　희다 (白い)

・助詞「の」を韓国語では「의」と言いますが、このときの「의」は、에 [e] と発音します。

例 우리의 (私たちの)　친구의 (友達の)

2) 表記法：句読点について

日本語では読点 [､] や句点 [｡] を用いますが、韓国語では英語と同じように [,] (コンマ) や [.] (ピリオド) を用います。発言の引用には [「 」] (かぎかっこ) ではなく [“ ”] (引用符) を用います。このほか、疑問文には [?] (疑問符) を用います。

3) 指定詞の省略

体言が母音で終わる場合 (パッチムがない)、指定詞の語幹「이」を省略することができます。体言が子音で終わる場合 (パッチムがある) は「이」を省略してはなりません。

例 친구입니다. (友達です) → 친굽니다. (○)

선생님입니다. (先生です) → 선생님니다. (×)

4) -씨(氏)：日本語の「～さん」にあたります。

日本では、田中太郎という名前の人を呼ぶときに、「田中太郎さん」「田中さん」「太郎さん」のいずれも使われます。ところが、김 지우という韓国・朝鮮人を呼ぶときには、김 지우 씨、지우 씨はOKですが、김 씨は失礼にあたります。また目上の人を呼ぶときには、-씨ではなく、교수님 (教授)、사장님 (社長) のように肩書きに님 (様) をつけて呼びます。

5)「저」：日本語の「私 / わたくし」にあたります。

へりくだった言い方で目上の人に使います。友人や目下の人には、うちとけた言い方の「나」(私 / 僕 / 俺) を使います。

6) 会話での簡単な言い方（省略形）

이것	これ	이거
그것	それ	그거
저것	あれ	저거

이것이	これが	이게
그것이	それが	그게
저것이	あれが	저게

이것은	これは	이건
그것은	それは	그건
저것은	あれは	저건

여기는	ここは	여긴
거기는	そこは	거긴
저기는	あそこは	저긴

것	もの	거

무엇	何	뭐

7) 6の発音は、以下の３通りで発音します。

① 語頭に来るときは、「육」と発音します。

例　655　육오오→　連音化で →［유고오］

② 母音と「ㄹ」パッチムの次に来るときは、「륙」と発音します。

例　56　오육［오륙］

765　칠육오［칠륙오］→　連音化で→［칠류고］

③「ㄹ」パッチム以外のパッチムの次に来るときは、「뉵」と発音します。

例　666　육육육［육뉵뉵］→　鼻音化で→［융늉뉵］

ですので、16は、「십뉵」で、鼻音化が起きますので［심뉵］となります。
電話番号を言うときに、
264−7675番は、
이육사에 칠육칠오［이륙사에 칠륙칠오］→［이륙싸에 칠륙치로］（濃音化、連音化）
315−0171番は、
삼일오에 공일칠일［사미로에 공일치릴］
となります。

8) ㄴ挿入

複合語の場合、パッチムの後に母音（ㅣ、ㅑ、ㅕ、ㅛ、ㅠ、ㅒ、ㅖ）で始まる単語が続くと、ㄴが挿入されます。

例　전철역 → 전철+ㄴ+역 → 전철녁（流音化：ㄹ+ㄴ→ㄹ+ㄹ）→［전철력］

他に 담요（毛布）、서울역（ソウル駅）、漢数詞の16などがあります。

▶助詞のまとめ◀

パッチムの有無によって使い分けるもの

~は	パッチム無	는	主題	저는 학생입니다. 도서관은 저기입니다.
	パッチム有	은		
~が	パッチム無	가	主語	친구가 있습니다. 책이 있습니다.
	パッチム有	이		
~を	パッチム無	를	目的	공부를 합니다. 밥을 먹습니다.
	パッチム有	을		
~で	母音体言	로	材料、手段、道具、原因	우유로 만듭니다. 전철로 갑니다. 볼펜으로 씁니다. 사고로 다쳤습니다.
	ㄹパッチム	로		
	子音体言	으로		
~へ	母音体言	로	方向、経由	학교로 갑니다. 서울로 이사갑니다. 집으로 갑니다.
	ㄹパッチム	로		
	子音体言	으로		
~に	母音体言	로	変化	눈이 비로 변합니다. 식당이 호텔로 바뀌었습니다. 남자가 여자로 됐습니다. 엔을 원으로 바꿉니다.
	ㄹパッチム	로		
	子音体言	으로		
~と	母音体言	와	羅列	나무와 꽃이 있습니다. 꽃과 나무가 있습니다.
	子音体言	과		

パッチムの有無に関係なく使うもの

～も	도	添加	교과서도 가방도 없습니다.
～と	하고	羅列（話しことば）	책하고 노트가 있습니다. 노트하고 책이 있습니다.
～の	의	所有	친구의 모자입니다.
～で	에서	場所	도서관에서 공부합니다.
～に	에	帰着点、所在、時	학교에 갑니다. 교실에 있습니다.
～に	에게 / 한테	人や動物	친구에게 메일을 보냅니다. 친구한테 편지를 씁니다.
～から	에서	場所の起点	역은 집에서 멉니다.
～から	부터	時・順序の起点	어제부터 시작했습니다. 밥부터 먹고 싶습니다.
～まで	까지	終点	역까지 10 분 걸립니다. 1 월부터 3 월까지 바쁩니다.
※～から	에게서 / 한테서	人や動物	어머니에게서 전화가 왔습니다. 형한테서 메일이 왔습니다.
※～より	보다	比較	저는 언니보다 키가 큽니다.

※この二つは本文では扱っていませんが、覚えておきましょう。

▶主な「합니다体」と「해요体」現在形の一覧表◀

◎は注意

■ 指定詞

NO	韓国語	日本語	～です・ます	
			합니다体	해요体
1	이다	～だ / ～である	입니다	예요 / 이에요 ◎
2	아니다	～でない	아닙니다	아니에요 ◎

■ 陽母音（ㅏ, ㅗ, ㅑ, ㅘ）

NO	韓国語	日本語	합니다体	해요体
3	많다	多い	많습니다	많아요
4	괜찮다	構わない / よい	괜찮습니다	괜찮아요
5	살다	住む / 暮らす	삽니다 ㄹ語幹 ◎	살아요
6	좋다	良い、好きだ	좋습니다	좋아요
7	놀다	遊ぶ	놉니다 ㄹ語幹 ◎	놀아요
8	맞다	正しい、一致する	맞습니다	맞아요
9	작다	小さい	작습니다	작아요
10	알다	分かる、知る	압니다 ㄹ語幹 ◎	알아요

■ 陰母音（陽母音以外の母音）

NO	韓国語	日本語	합니다体	해요体
11	있다	ある、いる	있습니다	있어요
12	없다	ない、いない	없습니다	없어요
13	먹다	食べる	먹습니다	먹어요
14	읽다	読む	읽습니다	읽어요
15	만들다	作る	만듭니다 ㄹ語幹 ◎	만들어요
16	멀다	遠い	멉니다 ㄹ語幹 ◎	멀어요
17	넓다	広い	넓습니다	넓어요
18	늦다	遅れる	늦습니다	늦어요
19	들다	（手に）持つ、取る	듭니다	들어요
20	불다	（風が）吹く	붑니다	불어요
21	쉬다	休む	쉽니다	쉬어요
22	싫다	いやだ、嫌いだ	싫습니다	싫어요
23	울다	泣く	웁니다	울어요
24	적다	少ない	적습니다	적어요

25	찍다	(写真を) 撮る	찍습니다	찍어요
26	재미있다	面白い	재미있습니다	재미있어요
27	재미없다	面白くない	재미없습니다	재미없어요
28	맛있다	美味しい	맛있습니다	맛있어요
29	맛없다	美味しくない	맛없습니다	맛없어요

■ 하 語幹 → 「해」

30	하다	する	합니다	해요
31	좋아하다	~好きだ / 好む	좋아합니다	좋아해요
32	공부하다	勉強する	공부합니다	공부해요
33	사랑하다	愛する	사랑합니다	사랑해요
34	싫어하다	嫌いだ	싫어합니다	싫어해요
35	미안하다	すまない	미안합니다	미안해요
36	따뜻하다	暖かい	따뜻합니다	따뜻해요
37	비슷하다	似ている	비슷합니다	비슷해요
38	산책하다	散歩する	산책합니다	산책해요
39	선선하다	涼しい	선선합니다	선선해요
40	운동하다	運動する	운동합니다	운동해요
41	이야기하다	話す	이야기합니다	이야기해요
42	일하다	働く、仕事をする	일합니다	일해요
43	죄송하다	申し訳ない	죄송합니다	죄송해요
44	지각하다	遅刻する	지각합니다	지각해요
45	청소하다	掃除する	청소합니다	청소해요
46	출발하다	出発する	출발합니다	출발해요
47	피곤하다	疲れている	피곤합니다	피곤해요
48	필요하다	必要だ	필요합니다	필요해요
49	한가하다	暇だ	한가합니다	한가해요

■ ー 母音 (으変則)

50	쓰다	書く	씁니다	써요
51	크다	大きい	큽니다	커요
52	바쁘다	忙しい	바쁩니다	바빠요

53	나쁘다	悪い	나쁩니다	나빠요
54	아프다	痛い	아픕니다	아파요
55	예쁘다	可愛い	예쁩니다	예뻐요
56	배(가)고프다	空腹だ	배(가)고픕니다	배(가)고파요
57	슬프다	悲しい	슬픕니다	슬퍼요

■ **語幹末にパッチムがないとき縮約がおきる。**

(ㅏ, ㅓ, ㅕ, ㅔ, ㅐ)の場合は、아 / 어 が脱落する。→ 語幹＋요

58	가다	行く	갑니다	가요
59	일어나다	起きる	일어납니다	일어나요
60	비싸다	(値段が) 高い	비쌉니다	비싸요
61	싸다	安い	쌉니다	싸요
62	사다	買う	삽니다	사요
63	만나다	会う	만납니다	만나요
64	자다	寝る	잡니다	자요
65	나가다	出る、出て行く	나갑니다	나가요
66	타다	乗る	탑니다	타요
67	보내다	送る	보냅니다	보내요
68	내다	出す	냅니다	내요
69	지내다	過ごす	지냅니다	지내요
70	짜다	塩辛い	짭니다	짜요

■ **아 / 어 が融合する。**

71	오다	来る	옵니다	와요
72	보다	見る	봅니다	봐요
73	피우다	(タバコを) 吸う	피웁니다	피워요
74	배우다	習う、学ぶ	배웁니다	배워요
75	마시다	飲む	마십니다	마셔요
76	가르치다	教える	가르칩니다	가르쳐요
77	기다리다	待つ	기다립니다	기다려요
78	걸리다	(時間が) かかる	걸립니다	걸려요
79	- 되다	～なる	됩니다	돼요

80	다니다	通う、勤める	다닙니다	다녀요
81	모이다	集まる	모입니다	모여요
82	빌리다	借りる	빌립니다	빌려요
83	잊어버리다	忘れる	잊어버립니다	잊어버려요
84	주다	あげる、やる	줍니다	줘요
85	찾아오다	訪ねて来る	찾아옵니다	찾아와요
86	피다	（花が）咲く	핍니다	펴요

■ ㄷ変則

87	걷다	歩く	걷습니다	걸어요
88	듣다	聞く	듣습니다	들어요

※「ㄷ」が「ㄹ」に変わらない正則活用する動詞

89	믿다	信じる	믿습니다	믿어요
90	받다	もらう	받습니다	받아요

■ ㅂ変則

91	어렵다	難しい	어렵습니다	어려워요
92	쉽다	簡単だ / 易しい	쉽습니다	쉬워요
93	덥다	暑い	덥습니다	더워요
94	춥다	寒い	춥습니다	추워요
95	맵다	辛い	맵습니다	매워요
96	가깝다	近い	가깝습니다	가까워요
97	무섭다	怖い	무섭습니다	무서워요

■ 르変則

98	모르다	知らない	모릅니다	몰라요
99	부르다	（歌を）歌う	부릅니다	불러요
100	다르다	異なっている	다릅니다	달라요

▶単語集（韓国語 — 日本語）

【ㄱ】
-가　~が
-가 아니다　~ではない
-가 아니에요　~ではありません／~ではありませんか
-가 아닙니까　~ではありませんか
-가 아닙니다　~ではありません
가게　店、~屋
가깝다　近い
가끔　時々
가다　行く
가르치다　教える
가방　カバン
가볍다　軽い
가수　歌手
가을　秋
가족　家族
갈비　カルビ
감기　風邪
감사하다　ありがたい
감상　鑑賞
갑자기　突然、急に
값　値段
강　川
같다　同じだ
같이　一緒に
개　~個
개　犬
거　もの、こと
거기　そこ
거긴　そこは
거북이　亀
거의　ほとんど
건너편　向かい側
걷다　歩く
걸리다　(時間が) かかる、(風邪を) 引く
것　もの、こと
게임　ゲーム
겨울　冬
겨울방학　冬休み
결국　結局
결혼　結婚
경주　競走
경치　景色
계속　継続、続き
-고　~して、~て、~で
고기　肉、魚
고등 학교　高等学校
고등학생　高校生
고맙다　有り難い
-고 싶다　~したい
고양이　猫
-고 있다　~ている
고장나다　故障する、壊れる
고집이 세다　頑固だ
고치다　直す、修理する
고프다　空腹だ、(腹が) 空く、へる
공무원　公務員
공부　勉強
공부하다　勉強する
공원　公園
공항　空港
과　~と
과일　果物
과자　お菓子
관광　観光
괜찮다　構わない、よい
괴롭히다　苦しめる、いじめる
교과서　教科書
교실　教室
교토　京都
교통　交通
교훈　教訓
구　九
구두　靴
권　冊
그　その
그거　それ
그건　それは
그것　それ
그게　それが、それは
그래도　それでも
그래서　それで
그래요　そうです／そうですか
그러나　しかし
그러자　すると
그럼　それでは、じゃ、それなら
그렇지만　けれども
그리고　そして
그저 그래요　まあまあです
극장　映画館・劇場
근처　近所、近く
금요일　金曜日
급하다　急だ、せっかちだ

기다리다　待つ
기르다　伸ばす、飼う
기쁘다　嬉しい
기차　汽車
길다　長い
김밥　海苔巻き
김치　キムチ

【ㄲ】
-까지　～まで
깜박　うっかり
깨끗하다　奇麗だ、清潔だ
깨어나다　(眠り等から)覚める
꼭　必ず、きっと
꼭대기　頂上
꼼꼼하다　几帳面だ
꽃　花
꽃 가게　花屋
꿩　キジ
끊다　(タバコを)やめる
끝나다　終わる

【ㄴ】
나　私
나가다　出る、出て行く
나라　国
나무　木
나무하다　たきぎを取る
나쁘다　悪い
나이　年齢
나중에　あとで
날　日
날씨　天気
남동생　弟
남자　男、男子
남자친구　男友達／彼氏
낮잠(을)자다　昼寝をする
내　僕の、わたしの
내가　僕が、わたくしが
내년　来年
내일　明日
냉면　冷麺
너　お前、君
너무　あまり、あまりに
넓다　広い
네　はい
넥타이　ネクタイ
넷　四つ
년　年
노래　歌
노래방 カラオケボックス
노트　ノート
놀다　遊ぶ
놀리다　からかう
놀이공원　遊園地
놓다　置く
누가　誰が
누구　誰
누나　(弟から見た) 姉
눈　目
눈　雪
느리다　遅い
느림보　怠け者、のろま
-는　～は
늦다　遅れる、遅い
늦잠(을) 자다　寝坊する

【ㄷ】
다　すべて、全部
다니다　通う、通勤する、通学する、勤める
다르다　異なる、違う
다섯　五つ
다시　もう一度、また
다음　次
다음 달　次の月、来月
다음 주　来週
달리기 경주　駆けっこ、競走
달리다　走る
담배　タバコ
대학　大学
대학교　大学校
대학생　大学生
더　もっと、もう
덥다　暑い
-도　～も
도서관　図書館
도시락　弁当
도중　途中
도착하다　到着する
도쿄　東京
독서　読書
돈　お金
돌아가다　帰る
돌아보다　振り向いて見る、振り返って見る
돌아오다　帰ってくる、戻ってくる
동생　弟、妹
동아리　仲間、サークル
돼지　豚
돼지갈비　豚カルビ
-되다　～なる
두부　豆腐
둘　二つ

뒤　後ろ、後
뒤지다　遅れる
드라마　ドラマ
듣다　聞く、聴く、伺う
-들　～たち、ら、ども
들다　（お金が）かかる、（手に）持つ、取る、（風邪を）引く
등산　登山
디자인　デザイン

【ㄸ】
따뜻하다　暖かい
딸　娘
때　時
떠내려오다　流れてくる
또　また
또 오세요　また来てください

【ㄹ】
-ㄹ 거예요　～だろう、～はずだ、～するつもりだ
-라고 하다　～と言う
-라고 합니다　～と言います
-러　～しに、～に
-려고　～しようと
-로　（道具、材料、原因）～で、（方向）へ
-를　～を
리포트　レポート

【ㅁ】
마리　羽、匹
마시다　飲む
마을　村
마음에 들다　気に入る
마흔　四十
만　万
만나다　会う
만나서 반갑습니다　お会いできて嬉しいです
만들다　作る
많다　多い
많이　たくさん、多く
말하다　言う、話す
맛　味
맛없다　不味い、美味しくない
맛있게 드세요　美味しく召し上がってください
맛있다　美味しい
맞다　合う、一致する
매일　毎日
맥주　ビール
맵다　辛い
머리　頭、髪
먹다　食べる
멀다　遠い
멋(이) 있다　素敵だ
메일　メール
며칠　何日
명　名
명랑하다　明るい
몇　何～、幾つ
몇 월　何月
모두　みな、すべて
모르다　知らない
모습　姿
모이다　集まる
모임　集まり
모자　帽子
모자라다　足りない
목요일　木曜日
몸　体
못-　（不可能の副詞）～できない
무겁다　重い
무섭다　怖い
무슨　何の
무엇　何
문제　問題
묻다　尋ねる、聞く、伺う
물　水
물가　物価
물건　品物
물론　もちろん
물리치다　（敵の攻撃などから）退ける、追い払う
뭐　何
뭘　何を
미국　アメリカ
미안하다　すまない
미용실　美容室
믿다　信じる
밑　下

【ㅂ】
바다　海
바람　風
바로　すぐ、直ちに
바쁘다　忙しい
밖　外
받다　もらう、受け取る
발음　発音
밥　ご飯

방 部屋
방학 (学校の) 休暇、休み
배 腹
배(가) 고프다 空腹だ
배(가)부르다 腹いっぱいだ
배우다 習う、学ぶ
백 百
백화점 百貨店
버스 バス
버스정류장 バス停
번호 番号
벌써 すでに、とっくに
별로 あまり、別に
병 ～本 / 瓶
병원 病院
보내다 送る、出す、(時を) 過ごす
보다 見る
보통 普通
복숭아 桃
복잡하다 複雑だ、混雑している
봄 春
봄방학 春休み
부르다 (歌を) 歌う、(腹が) いっぱいだ、呼ぶ
부탁하다 頼む
-부터 ～から
부하 部下、子分、けらい
분 ～分
불고기 焼肉(味をつけた牛肉を鉄鍋で焼いた料理)
불다 吹く
비 雨
비빔밥 ビビンバ
비슷하다 似ている
비싸다 (値段が) 高い
비행기 飛行機
빌리다 借りる
-ㅂ니까 ～ですか
-ㅂ니다 ～です

【ㅃ】
빠르다 速い、早い
빨래 洗濯
빨리 速く、早く
빵 パン

【ㅅ】
사 四
사과 りんご
사교적 社交的
사귀다 つきあう、交際する
사다 買う
사람 人
사랑하다 愛する
사이 間、仲
사전 辞典
사진 写真
산 山
산책 散歩、散策
산책하다 散歩・散策する
살 ～歳
살다 住む、暮らす、生きる
삼 三
삼겹살 三枚肉、バラ肉
샌드위치 サンドイッチ
생각하다 考える、思う
생선 魚
생일 誕生日
샤워 シャワー
서른 三十
서울 ソウル
서점 書店
선물 贈り物、土産
선배 先輩
선수 選手
선생님 先生
성격 性格
센터 センター
셋 三つ
소 牛
소갈비 牛カルビ
소개하다 紹介する
소극적 消極的
소주 焼酎
소파 ソファー
속 中、奥
손님 お客さん
쇼핑 ショッピング
수수 경단 きびだんご
수업 授業
수요일 水曜日
숙제 宿題
술 酒
쉬다 休む
쉰 五十
쉽다 易しい、簡単だ
슈퍼 スーパー
스물 二十
스웨터 セーター
슬프다 悲しい
-습니까 ～ですか
-습니다 ～です
시 時

시간　時間
시계　時計
시끄럽다　うるさい、やかましい
시작되다　始まる
시작하다　始める
시장　市場
시합　試合
시험　試験
식당　食堂
식사　食事
신문　新聞
싫다　嫌だ、嫌いだ
싫어하다　嫌がる、嫌いだ
십　十

【ㅆ】
싸다　安い
쓰다　書く、使う、(帽子を)かぶる、(メガネを) 掛ける
쓰레기통　ゴミ箱
-씨　～さん
씩　～ずつ

【ㅇ】
아,　あ、
-아 놓다　～ておく
-아 버리다　～てしまう
-아 보다　～てみる
-아 주다　～てやる、～てくれる
아뇨　いいえ
아니다　(指定詞) ～でない
아니요　いいえ
-아도　～ても
-아도 되다　～てもよい
아래　下
아르바이트　アルバイト
아무것도　何にも
아마　だぶん
아무데도　どこにも
아무도　誰も
아버지　お父さん
-아 버리다　～てしまう
-아서　～して、～くて、～ので
-아야 되다　～ねばならない
-아야 하다　～ねばならない
아이　子供
아이들　子供たち
아저씨　おじさん
아주　とても、非常に
아주머니　おばさん
아줌마　おばさん(=아주머니)
-아지다　～くなる、～られる
아직　まだ
아침　朝、朝食
아침밥　朝食
아프다　痛い
아홉　九つ
아흔　九十
안　中
안-　(否定副詞) ～ない
안경　メガネ
안녕하세요?　こんにちは、おはようございます、こんばんは
안심　安心
알겠습니다　わかりました
알다　知る、わかる
앞　前
애인　恋人
야구　野球
야구장　野球場
야채　野菜
약　薬
약속　約束
얌전하다　おとなしい
얘기(이야기の縮約形)　話
-어 놓다　～ておく
-어 버리다　～てしまう
-어 보다　～てみる
-어 주다　～てやる、～てくれる
어느　どの
어느날　ある日
-어도　～ても
-어도 되다　～てもよい
어디　どこ
어때요?　どうですか
어떤 마을　ある村
어렵나　難しい
어머니　お母さん
-어 버리다　～てしまう
-어서　～して、～くて、～ので
어서 오세요　いらっしゃいませ
-어야 되다/하다　～ねばならない
어저께　昨日
어제　昨日
-어 주다　～してやる、～してくれる
-어지다　～くなる、～られる
언니　(妹から見た) 姉
언제　いつ
언제나　いつも

얼굴　顔
얼마　いくら
얼음　氷
없다　いない、ない
없습니까　ありませんか
없습니다　ありません
없어요　ありません／ありませんか
-에　(場所、時間)～に
-에　(値段)～で
-에게　(動物)～に
-에게서　(人、動物)～から
-에서　(場所)～で
-에서　(場所)～から
엔　円
여기　ここ
여긴　ここは
여덟　八つ
여동생　妹
여든　八十
여러 가지　いろいろな
여름　夏
여름방학　夏休み
여보세요　もしもし
여섯　六つ
여자　女、女子
여자친구　女友達／彼女
여행　旅行
역　駅
역사　歴史
연기　延期
연기되다　延期される
연기하다　延期する
연락　連絡
연락하다　連絡する
연휴　連休
열　十
열다　(窓などを)開ける
열심히　一生懸命
영어　英語
영화　映画
영화감상　映画鑑賞
옆　横、隣、そば
예　はい
예쁘다　綺麗だ、可愛い
예순　六十
-예요　～です／ですか
옛날　昔
오　五
오늘　今日
오다　来る
오빠　(妹から見た)兄
오이　きゅうり
오전　午前
오후　午後
온천　温泉
올라가다　登る、上がる
옷　服
옷장　クローゼット
-와　～と
왜　何故、どうして
왜요?　何故ですか
왼쪽　左側
요리　料理
요즘　最近
우리(들)　我々、私たち
우산　傘
우유　牛乳
우유부단하다　優柔不断だ
우체국　郵便局
운동　運動
운동하다　運動する
운전　運転
울다　泣く、鳴く
웃다　笑う
원　ウォン(韓国貨幣の単位)
원숭이　猿
월　月
월요일　月曜日
위　上
유자차　柚子茶
유학　留学
육　六
-으러　～しに、～に
-으려고　～しようと
-으로　(道具、材料)～で、(方向)へ
-은　～は
은행　銀行
-을　～を
-을 거예요　～だろう、～はずだ、～するつもりだ
음식　食べ物
음악　音楽
음악감상　音楽鑑賞
-의　～の
의자　椅子
이　この
-이　～が
이　二
이거　これ
이건　これは
이것　これ
이것 저것　あれこれ
이게　これが
이다　(指定詞)～だ、

単語集

～である
-이라고 합니다
～といいます
이름　名前
이번　今度、今回
이번 주　今週
-이 아니다　～ではない
-이 아니에요　～ではありません / ～ではありませんか
-이 아닙니까
～ではありませんか
-이 아닙니다
～ではありません
이야기　話、会話
이야기하다　話す、語る
-이에요　～です / ですか
인분　～人前
인사　挨拶
일　一
일　～日
일　仕事、こと
일곱　七つ
일본　日本
일본말　日本の言葉、日本語
일본사람　日本人
일본어　日本語
일어나다　起きる
일요일　日曜日
일주일　一週間
일찍　早く、早目に
일하다　働く
일흔　七十
읽다　読む
입　口
-입니까　～ですか
-입니다　～です
입다　着る
있다　いる / ある
있습니까?　ありますか
있습니다　あります
있어요　あります / ありますか
잊다　忘れる
잊어버리다　忘れる、忘れてしまう

【ㅈ】
자다　寝る
자르다　切る
자전거　自転車
자주　しばしば、たびたび、よく
작년　昨年
작다　小さい、(背が) 低い
잔　杯
잘　よく、上手に
잘 먹었습니다
ご馳走様でした
잘못하다　しくじる、間違う、誤る
잘 부탁합니다
よろしくお願いします
잘하다　上手だ、うまくやる
잠　眠り、睡眠
잠깐　暫く
잠(을) 자다　眠る
잡다　つかむ
장　～枚
재미없다　面白くない、つまらない
재미있다　面白い
저　わたくし
저　あの
저거　あれ
저건　あれは
저것　あれ
저게　あれが
저기　あそこ
저긴　あそこは
저녁　夕方、夕食
적극적　積極的
적다　少ない
전부　全部
전철　電車
전화　電話
전화번호　電話番号
전혀　全然、まったく
점심(밥)　昼食
정말　本当、本当に
제　わたくしの
제가　わたくしが
제안하다　提案する
제일　最も、一番
조금　少し、ちょっと
조용하다　静かだ
졸업　卒業
좀　少し、ちょっと
좁다　狭い
종이　紙
좋다　良い
좋아하다　～好きだ、好む
죄송하다　申し訳ない
주다　あげる、くれる
주말　週末
주부　主婦
주세요　ください

주소　住所
줍다　拾う、拾い上げる
중국　中国
중국 사람　中国人
중국어　中国語
중학교　中学校
중학생　中学生
지각하다　遅刻する
지갑　財布
지금　今
지난 달　先月
지난 번　この間、前回
지난 주　先週
지내다　暮らす、過ごす
지다　負ける
-지만　～だが
-지 못하다　～できない
-지 않다　～しない
지하철　地下鉄
집　家
집다　つまむ、取る

【ㅉ】

짜다　塩辛い
짧다　短い
찌개　チゲ
찍다　（写真を）撮る

【ㅊ】

착하다　善良だ
창문　窓
찾다　探す、（お金を）下ろす、引き出す
찾아오다　尋ねてくる
책　本
책상　机
처음　はじめて
처음 뵙겠습니다　はじめまして
천　千
청소　掃除
청소하다　掃除する
초등학교　小学校
축구　サッカー
출발하다　出発する
춤(을) 추다　（踊りを）踊る
춥다　寒い
취미　趣味
취직　就職
층　～階
치즈　チーズ
친구　友達
친절하다　親切だ
칠　七
침대　ベッド

【ㅋ】

카페　カフェ
커피　コーヒー
컴퓨터　コンピュータ
케이크　ケーキ
켜다　（スイッチ・ラジオなどを）つける
콜라　コーラ
크다　大きい、（背が）高い
클래식　クラシック
키　背

【ㅌ】

타다　乗る
타워　タワー
태어나다　生まれる
택시　タクシー
테이블　テーブル
텔레비전　テレビ
토끼　うさぎ
토요일　土曜日
특히　特に

【ㅍ】

파전　チヂミに似たもの(ねぎをたくさん入れて小麦粉でまぶし、焼いたもの)
파티　パーティー
팔　八
팔다　売る
편리하다　便利だ
편의점　便宜店、コンビニエンスストア
편지　手紙
편하다　楽だ、便利だ
피곤하다　疲れている
피다　（花が）咲く、開く
피시방　インターネットカフェ
피아노　ピアノ
피우다　（タバコを）吸う
필요하다　必要だ、要る

【ㅎ】

-하고　～と
하나　一つ
하다　する
하루　一日
하루는　ある日
하루종일　一日中
학교　学校

학년　学年
학생　学生
한가하다　暇だ
한국　韓国
한국말　韓国の言葉(韓国語)
한국사람　韓国人
한국어　韓国語
한글　ハングル
한번　一回、一度
한참　はるかに、ずっと
-한테　(人、動物)～に
-한테서　(人、動物)～から
할머니　祖母
할아버지　祖父
핸드폰　携帯電話
헤어지다　別れる
형　(弟から見た)兄
형제　兄弟
혼자(서)　一人、一人で
혼나다　叱られる
화요일　火曜日
화장　化粧
화장실　お手洗い
활발하다　活発だ
회사　会社
회사원　会社員
회의　会議
후　後
후배　後輩
휴게실　休憩室
휴대폰　携帯電話
휴일　休日
히터　ヒーター
힘들다　大変だ

【ABC～】

PC방　インターネットカフェ

▶単語集（日本語 — 韓国語）

【あ】

会う　만나다

あげる　주다

朝　아침

明日　내일

あそこ　저기

遊ぶ　놀다

暑い　덥다

後　뒤、후

兄（弟から見た）　형、
（妹から見た）　오빠

姉（弟から見た）　누나、
（妹から見た）　언니

あの　저

雨　비

ある　있다

歩く　걷다

あれ　저것

いいえ　아뇨

家　집

行く　가다

いくら　얼마

行けない　못 가다

いす　의자

忙しい　바쁘다

痛い　아프다

市場　시장

一番　제일

いつ　언제

一緒に　같이

いつも　언제나

いない　없다

犬　개

今　지금

いる　있다

上　위

ウォン（韓国貨幣単位）　원

歌　노래

歌う（歌を）　부르다

運転　운전

映画　영화

映画館　영화관

英語　영어

駅　역

美味しい　맛있다

多い　많다

お金　돈

教える　가르치다

弟　남동생

男　남자

面白い　재미있다

音楽　음악

女　여자

【か】

～が　-가 / 이

～階　층

会議　회의

会社　회사

会社員　회사원

会話　회화

買う　사다

掛かる　（時間が、電話が）
걸리다

学生　학생

学年　학년

掛ける　（メガネを）쓰다

傘　우산

風邪を引く　감기 걸리다

～月　월

学校　학교

必ず　꼭

カバン　가방

かぶる　（帽子を）쓰다

～から　（非動物）에서、
（動物）에게서、한테서

～から　（場所）에서

辛い　맵다

韓国　한국

韓国語　한국어、한국말

聞く、聴く　듣다

昨日　어제

キムチ　김치

九　구

牛乳　우유

今日　오늘

教科書　교과서

教室　교실

去年　작년

空港　공항

果物　과일

靴　구두

来る　오다

くれる　주다

クローゼット　옷장

携帯電話　휴대폰、핸드폰

消しゴム　지우개

～けれど　-지만

けれども　그렇지만

単語集

～個　개
子　아이
公園　공원
公務員　공무원
コーヒー　커피
ここ　여기
この　이
ご飯　밥
ゴミ箱　쓰레기통
これ　이것

【さ】
～歳　살
最近　최근
魚　생선
酒　술
寒い　춥다
三　삼
～さん　-씨
時　시
時間　시긴
試験　시험
下　아래, 밑
～して　-아서/-어서
～しても　-아도/-어도
～してもよい　-아도 되다/
　-어도 되다
自転車　자전거
十　십
週末　주말
授業　수업
宿題　숙제
上手だ　잘하다
食堂　식당
女子　여자
ショッピング　쇼핑
書店　서점
知らない　모르다
知る　알다
信じる　믿다
新聞　신문
吸う(タバコを)　피우다
スーパー　슈퍼
～好きだ　좋아하다
少し　조금, 좀
全て　다, 모두
する　하다
先週　지난 주
先生　선생님
先輩　선배
そこ　거기
その　그
祖父　할아버지
祖母　할머니
それ　그것

【た】
～たい　-고 싶다
大学　대학, 대학교
大学生　대학생
～だが　-지만
(値段が) 高い　비싸다
たくさん　많이
タバコ　담배
食べる　먹다
誰　누구
誰が　누가
誰も　아무도
男子　남자
誕生日　생일
近い　가깝다
近く　근처
地下鉄　지하철, 전철
チゲ　찌개
父　아버지
昼食　점심
朝食　아침, 아침밥
使う　쓰다
疲れている　피곤하다
次、次に　다음
机　책상
作る　만들다
～て　-고
～て　-아서/-어서
～で　(場所)에서
～で　(手段) -로, 으로
～であげる　-아/어 주다
テーブル　테이블
～てくれる　-아/어 주다
～てしまう -아/어 버리다
～です　-입니다, -예요,
　이에요
～ですか　-입니까, -예요,
　이에요
～ではありません
　-가/이 아닙니다,
　-가/이 아니에요
～ではありませんか
　-가/이 아닙니까?,
　-가/이 아니에요?
～ではない
　-가/이 아니다
～てみる　-아/어 보다
～ても　-아도/-어도
～てもよい　-아도/-어도

　되다
～てやる　-아/어 주다
テレビ　텔레비전
電車　전철, 전차
トイレ　화장실
到着する　도착하다
とお、十　열
遠い　멀다
時　때
どこ　어디
どこにも　아무데도
図書館　도서관
とても　아주, 매우
友達　친구
ドラマ　드라마
撮る　찍다

【な】
ない　없다
中　안, 속
夏　여름
夏休み　여름방학
何　무엇, 뭐
何も　아무것도
何を　뭘
名前　이름
習う　배우다
～なる　-되다
何～　몇
何月　몇 월
何時　몇 시
何日　며칠
何の　무슨
二　이
～に　(人、動物) -에게, 한테
～に　(場所・時) -에
～(し)に　-(으)러
似合う　어울리다
肉　고기
二十　스물
～日　일
日曜日　일요일
～になる、～くなる
　-아/어지다
日本人　일본사람
ネクタイ　넥타이
猫　고양이
値段　값, 가격
～ねばならない
　-어야/ -아야 되다
　-어야/ -아야 하다
寝る　자다
～年　년
～年生　학년
～の　것
～の　-의
ノート　노트
～ので　-아서/-어서
飲む　마시다
乗る　타다

【は】
～は　-는/은
はい　네
履く　신다
パソコン　컴퓨터
働く　일하다
話をする　이야기하다
母　어머니
早い、速い　빠르다
早く　일찍, 빨리
パン　빵
匹　마리
飛行機　비행기
人　사람
一つ　하나
一人、一人で　혼자
広い　넓다
二つ　둘
冬　겨울
降る　(비가)오다, 내리다
～分　분
～へ　(方向) -로/으로,
　(到達点) -에
部屋　방
勉強　공부
勉強する　공부하다
弁当　도시락
帽子　모자
ほとんど　거의
本　책

【ま】
～枚　장
毎日　매일
前　전, 앞
まずい　맛없다
～まで　-까지
学ぶ　배우다
見る、観る　보다
みんな　모두
難しい　어렵다
目　눈
名　명
メール　메일

メガネ　안경
飯　밥
メロン　멜론
～も　-도
持つ　(手に)들다
もの　것, 거

【や】
焼肉(プルコギ)　불고기
約束　약속
野菜　야채
安い　싸다
休む　쉬다
郵便局　우체국
良い　좋다
～ようと　-(으)려고
よく　잘
四つ　넷
読む　읽다

【ら】
来年　내년
留学　유학
料理　요리
旅行　여행
歴史　역사
練習　연습
連絡する　연락하다
六　육

【わ】
分かる　알다
忘れる　잊다
わたくし　저
わたくしの　저의, 제
私　나
私が　제가
私たち　우리

ハングルのとびら 1

検印省略

© 2014 年 1 月 30 日　第 1 版　発行
2023 年 1 月 30 日　第 7 刷　発行
2024 年 1 月 30 日　改訂初版　発行

著　者　盧　載　玉
梁　貞　模

発行者　小川　洋一郎

発行所　株式会社 朝 日 出 版 社

〒 101-0065 東京都千代田区西神田 3-3-5
電話（03）3239-0271・72（直通）
振替口座　東京　00140-2-46008
http://www.asahipress.com/
欧友社／図書印刷

乱丁・落丁本はお取り替えいたします
ISBN978-4-255-55707-6 C1087

●가나다라表

	ㅏ [a]	ㅑ [ja]	ㅓ [ɔ]	ㅕ [jɔ]	ㅗ [o]	ㅛ [jo]	ㅜ [u]	ㅠ [ju]	ㅡ [ɯ]	ㅣ [i]
ㄱ [k/g]	가	갸	거	겨	고	교	구	규	그	기
ㄴ [n]	나	냐	너	녀	노	뇨	누	뉴	느	니
ㄷ [t/d]	다	댜	더	뎌	도	됴	두	듀	드	디
ㄹ [r/l]	라	랴	러	려	로	료	루	류	르	리
ㅁ [m]	마	먀	머	며	모	묘	무	뮤	므	미
ㅂ [p/b]	바	뱌	버	벼	보	뵤	부	뷰	브	비
ㅅ [s]	사	샤	서	셔	소	쇼	수	슈	스	시
ㅇ [-/ŋ]	아	야	어	여	오	요	우	유	으	이
ㅈ [tʃ/dʒ]	자	쟈	저	져	조	죠	주	쥬	즈	지
ㅊ [tʃʰ]	차	챠	처	쳐	초	쵸	추	츄	츠	치
ㅋ [kʰ]	카	캬	커	켜	코	쿄	쿠	큐	크	키
ㅌ [tʰ]	타	탸	터	텨	토	툐	투	튜	트	티
ㅍ [pʰ]	파	퍄	퍼	펴	포	표	푸	퓨	프	피
ㅎ [h]	하	햐	허	혀	호	효	후	휴	흐	히